AF347195

MOÏSE, MAHOMET, BONAPARTE.

MOÏSE, MAHOMET, BONAPARTE.

PARALLÈLE.

———

(Extrait du journal *Le Législateur*, cahier de février 1851.)

———

Ainsi que nous l'avons annoncé (1), nous puiserons souvent et principalement aux sources biblique et mahométane, pour comparer entre elles la littérature et la législation.

Or, nous avons pensé qu'avant d'entreprendre cette tâche immense, il serait intéressant et utile de reproduire la biographie de trois grands génies qui offrent des points de similitude et des oppositions propres à appeler les plus sérieuses méditations.

Pour plus de clarté nous diviserons cet article en *quatre sections,* qui, elles-mêmes, seront divisées chacune en une *série de paragraphes*.

La première section présentera la biographie succincte de Moïse ;

La seconde section, la biographie de Mahomet ;

La troisième section, celle de Napoléon ;

Et la quatrième section montrera les rapprochements que l'on peut faire entre ces trois hommes extraordinaires, nés à de si grands intervalles et néanmoins offrant dans leurs vies des points de comparaison fort nombreux.

Nota. Nous avons dû abréger autant que possible, les notices biographiques, destinées seulement à faire ressortir les faits principaux sur lesquels nous avons pensé qu'il est bon d'appeler l'attention du lecteur.

(1) Introduction au *Journal le Législateur*.

PREMIÈRE SECTION.

§ 1.

Moïse naquit en Égypte l'an du monde deux mille quatre cent trente trois, 1571 ans avant J.-C.

2.

Il était fils d'Amram et de Jocabed, de la tribu de Lévi. Il avait pour frère Aaron, âgé de trois ans plus que lui. Sa sœur Marie, était l'aînée ; elle avait cinq à six ans lorsqu'il vint au monde.

3.

Par un édit, le roi Pharaon avait ordonné que l'on noyât tous les enfants mâles qui naîtraient parmi les Hébreux. Et comme il ne s'en fiait pas aux sages-femmes de leur nation, il avait enjoint aux sages-femmes égyptiennes d'observer exactement quand les femmes des Hébreux accoucheraient. Cet édit portait aussi que ceux qui seraient si hardis que de sauver et de nourrir quelques-uns de ces enfants, seraient punis de mort avec toute leur famille.

4.

Mais l'accouchement de Jocabed fut si prompt et si heureux, et ses douleurs furent si légères, que les sages-femmes égyptiennes n'en purent avoir connaissance. Et les parents de Moïse parvinrent à le nourrir secrètement pendant trois mois.

5.

Après ce temps, craignant de ne pouvoir toujours tromper la surveillance dont il était l'objet, Amram prit la résolution d'abandonner aux soins de la providence, la conservation d'un enfant qui lui était si cher à cause des circonstances qui avaient précédé sa naissance et des destinées qui s'attachaient à son existence.

Amram et Jocabeb firent un berceau de la grandeur de l'enfant, avec des joncs qu'ils entrelacèrent ; et pour empêcher l'eau de le pénétrer, l'enduisirent de bitume, mirent l'enfant dans ce berceau et le berceau sur le fleuve, puis l'abandonnèrent à la divine providence.

Marie, sœur de Moïse alla, par l'ordre de sa mère, de l'autre côté du Nil, pour voir ce qu'il deviendrait.

6.

Pendant que le berceau flottait sur l'eau, *Thermutis,* fille du roi qui se promenait sur le rivage, l'ayant aperçu dit à quelques-uns de ses gens de se mettre à la nage pour l'aller quérir. Ils le lui apportèrent.

La grande beauté de l'enfant toucha si fort Thermutis, que ne pouvant se lasser de le regarder, elle résolut d'en prendre soin et de le faire nourrir.

7.

Marie feignant de se rencontrer là par hasard, offrit à la princesse d'aller chercher une nourrice parmi les femmes des Hébreux. Thermutis y consentit. Marie amena Jocabed, que personne ne connaissait. Et Moïse eut ainsi pour nourrice sa propre mère. On lui imposa le nom de *Moïse* pour signifier : préservé de l'eau. Car *Mo* en langue égyptienne signifie *eau* et *yses,* préservé.

8.

A mesure que Moïse croissait il faisait paraître beaucoup plus d'esprit que son âge ne comportait ; et même en jouant, il donnait des marques qu'il réussirait un jour à quelque chose de grand et d'extraordinaire. Lorsqu'il eût atteint l'âge de trois ans accomplis, Dieu fit éclater sur son visage une si extrème beauté, que les personnes mêmes les plus austères en étaient ravies. Il attirait sur lui les yeux de tous ceux qui le rencontraient ; et quelque hâte qu'ils eussent, ils s'arrêtaient pour le regarder et pour l'admirer.

9.

Thermutis le voyant rempli de tant de grâces et n'ayant point d'enfants, résolut de l'adopter pour son fils. Elle le porta au roi son père, et après lui avoir parlé de la beauté et de l'esprit qu'il faisait déjà paraître, elle lui dit : « C'est un présent que le Nil m'a fait » d'une manière admirable. Je l'ai reçu d'entre ses bras, j'ai résolu » de l'adopter, et je vous l'offre pour successeur puisque vous n'a- » vez point de fils. » En achevant ces paroles, elle le mit entre ses mains. Le roi le reçut avec plaisir, et pour obliger sa fille le pressa contre son sein, et mit sur sa tête son diadème. Moïse, comme un enfant qui se joue, l'ôta, le jeta à terre et marcha dessus. Cette action fut regardée comme un fort mauvais augure ; et le docteur de la loi qui avait prédit que sa naissance serait funeste à l'Égypte, en fut tellement touché, qu'il voulait qu'on le fît mourir sur-le-champ. « Voilà, dit-il, en s'adressant au roi, cet enfant duquel Dieu nous » a fait connaitre que la mort devait assurer notre repos. Vous voyez » que l'effet confirme ma prédiction, puisqu'à peine est-il né qu'il » méprise déjà votre grandeur, et foule aux pieds votre couronne; » mais en le faisant mourir vous ferez perdre aux Hébreux l'espé- » rance qu'ils fondent sur lui et délivrerez vos peuples de crainte. »

Thermutis l'entendant parler de la sorte, emporta l'enfant sans que le roi s'y opposât. Cette princesse le fit élever avec très-grand soin ; et autant les Hébreux en avaient de joie, autant les Égyptiens en concevaient de défiance. Mais comme ils ne voyaient aucun de ceux qui auraient pu succéder à la couronne, dont ils eussent sujet d'espérer un plus heureux gouvernement, quand bien même Moïse ne serait plus, ils perdirent la pensée de le faire mourir.

10.

Thermutis adopta donc Moïse pour son fils et voulut qu'il fût instruit de toutes les sciences qui étaient alors célèbres dans l'Égypte.

Mais Amram et Jocabed qui le nourrirent dans son enfance, lui enseignèrent tout ce qui concernait la religion et l'histoire de ses pères. Ils lui apprirent la lange hébraïque, et lui inspirèrent du dé- goût et de l'éloignement des grandeurs et des avantages qu'il pou- vait espérer à la cour de Pharaon.

11.

Lorsqu'il fut grand on lui donna les plus excellents maîtres qui fussent dans l'Égypte, et ils lui enseignèrent l'arithmétique, la géo- métrïe, la musique, la médecine, et toutes les sciences des sons et de l'harmonie tant des voix que des instruments, et outre cela, la philosophie symbolique que l'on enseigne par le moyen des lettres hiéroglyphiques. On lui montra aussi tout ce qui concernait la lan- gue et l'écriture des Égyptiens, etc.

12.

Quand il fut en âge de pouvoir donner des preuves de son cou- rage, il ft des actions de valeur qui ne permirent plus de douter de la vérité de ce qui avait été prédit qu'il releverait la gloire de sa nation et humilierait les Égyptiens.

La frontière de l'Égypte étant ravagée par les Éthiopiens, les Égyptiens marchèrent contre eux avec une armée; mais ils furent vaincus dans un combat, et se retirèrent avec honte. Enflés d'un si heureux succès, les Éthiopiens crurent qu'il y aurait de la lâcheté à ne pas user de leur bonne fortune, et se flattèrent qu'ils pouvaient conquérir toute l'Égypte. Ils y entrèrent par divers endroits; et la uantité de butin qu'ils firent, jointe à ce qu'ils ne trouvaient point de résistance, augmenta encore leur espérance de réussir dans leur entreprise. Ils s'avancèrent jusqu'à Memphis et jusqu'à la mer. Les Égyptiens étant trop faibles pour soutenir un si grand effort, envoyèrent consulter l'oracle; et par un ordre secret de Dieu, la réponse qu'il reçurent fut qu'il n'y avait qu'un Hébreu de qui ils pussent attendre du secours. Le roi n'eut pas de peine à juger par ces paroles que Moïse était celui que le ciel destinait pour sauver l'Égypte, et il le demanda à sa fille pour le faire général de son armée. Elle y consentit et lui dit qu'elle croyait en le lui donnant lui rendre un fort grand service; mais elle l'obligea, en même temps, de lui promettre avec serment qu'on ne lui ferait point de mal.

Moïse, acceptant avec plaisir cette glorieuse mission, se rendit aux ordres du roi et de la princesse. Et les sacrificateurs des deux nations, en eurent, par différents motifs, une égale joie : les Égyptiens espéraient qu'après avoir vaincu leurs ennemis sous la conduite de Moïse, ils trouveraient aisément l'occasion de le faire mourir par trahison, et les Hébreux se promettaient par cette même conduite, de sortir d'Égypte et de s'affranchir de servitude.

Cet excellent général ne fut pas plutôt mis à la tête de l'armée qu'il fit admirer sa prudence. Au lieu de marcher le long du Nil, il traversa le milieu des terres, afin de surprendre les ennemis qui n'auraient jamais cru qu'il eût pu venir à eux par un chemin si périlleux, à cause de la multitude et de la différence des serpents et des bêtes venimeuses qui s'y rencontrent. Car il y en a qui ne sont pas seulement redoutables par leur venin, mais sont horribles à voir, parce qu'ayant des ailes, ils attaquent les hommes sur la terre, et s'élèvent dans l'air pour fondre sur eux. Pour s'en garantir, Moïse fit mettre dans des cages de jonc des oiseaux nommés ibis, qui sont fort apprivoisés avec les hommes et ennemis mortels des serpents, qui ne les craignent pas moins qu'ils craignent les cerfs. Lorsque Moïse fut arrivé avec son armée dans ce pays si dangereux, il lâcha ses oiseaux, passa par ce moyen sans péril, surprit les Éthiopiens, les combattit, les mit en fuite et leur fit perdre l'espérance de se rendre maîtres de l'Égypte. Une si grande victoire ne borna pas ses desseins ; il entra dans leur pays, prit plusieurs de leurs villes, les saccagea et y fit un grand carnage. Des succès si glorieux rehaussèrent tellement le cœur des Égyptiens qu'ils se croyaient capables de tout entreprendre sous la conduite d'un si excellent capitaine ; et les Éthiopiens au contraire, n'avaient devant leurs yeux que l'image de la servitude et de la mort.

13.

Moïse poussa jusque dans la ville de Saba, capitale de l'Éthiopie, que Cambyse roi de Perse avait nommé depuis *More*, du nom de sa sœur. Il les y assiégea quoique cette place pût passer pour imprenable, parce qu'outre ses grandes fortifications, elle était environnée de trois fleuves, du Nil, de l'Atape et de l'Atobora dont le trajet est très-difficile. Ainsi elle était assise dans une île et n'était pas moins défendue par l'eau qui l'enfermait de tous côtés, que par la force de ses murailles et de ses remparts ; et les digues qui la garantissaient de l'inondation de ces fleuves lui servaient encore d'une autre défense lorsque les ennemis les avaient passés.

Comme Moïse était dans le déplaisir de voir que tant de difficultés jointes ensemble rendaient la prise de cette ville presque impossible, et que son armée s'ennuyait de ce que les Éthiopiens n'osaient plus en venir aux mains avec eux, *Tarbis*, fille du roi d'Éthiopie, l'ayant vu de dessus les murailles, faire dans une attaque des actions toutes extraordinaires de courage et de conduite, entra dans une telle admiration de sa valeur qui avait relevé la fortune de l'Égypte et fait trembler l'Éthiopie, auparavant victorieuse. qu'elle sentit que son cœur était blessé de son amour ; et sa passion croissant toujours, elle envoya lui offrir de l'épouser. Il accepta cet honneur à condition qu'elle lui remettrait la place entre les mains, confirma sa promesse par un serment.

14.

Et après que ce traité eût été exécuté de bonne foi de part et d'autre et qu'il eût rendu grâces à Dieu, de tant de faveurs qu'il lui avait faites, il ramena les Égyptiens victorieux en leur pays.

Mais ces ingrats, au lieu de témoigner leur reconnaissance du salut et de l'honneur dont ils lui étaient redevables, augmentèrent encore leur haine pour lui et tâchèrent plus que jamais de le perdre.

15.

Pour se soustraire à la mort dont il était menacé, il s'enfuit dans le désert.

Et c'est à l'âge de quarante ans que Moïse renonça à la pompe et aux richesses de la cour de Pharaon pour partager l'ignominie de ses frères si maltraités en Égypte.

Après sa marche dans le désert Moïse s'arrêta au pays de Midiane (Madian), où il s'assit près d'un puits (1).

« Le Cohène (ministre du culte) de Midiane avait sept filles. Elles vinrent, puisèrent de l'eau et en remplirent les abreuvoirs pour faire boire le troupeau de leur père.

» Les bergers survinrent et les repoussèrent ; alors Mosché (Moïse) se leva, les secourut, et fit boire leur troupeau.

» Lorsqu'elles revinrent auprès de leur père Reouel, celui-ci leur dit : pourquoi avez vous aujourd'hui hâté votre retour?

» Elles dirent : un homme Égyptien nous a sauvées de la violence des bergers ; il nous a puisé aussi de l'eau et a fait boire le troupeau ;

» Il dit à ses filles : où est-il? pourquoi avez-vous quitté cet homme? Appelez-le, qu'il mange (notre) pain.

» Mosché consentit à demeurer auprès de cet homme ; celui-ci donna sa fille Tsipora (Sephora) à Mosché. »

16.

Moïse demeurait avec son beau-père et avait soin de ses troupeaux. Il les mena paître un jour sur la montagne de Sinaï qui est la plus haute de toutes celles de cette province, et qui était très-abondante en pâturages, parce qu'outre sa fertilité naturelle, les

(1) Exode II, 15.

autres bergers n'y allaient point à cause de la sainteté du lieu, où l'on disait que Dieu habitait.

« Mosché faisait paître le troupeau de Iitro (Jethro) son beau-père, le Cohène de Midiane ; il conduisit le troupeau vers le désert, et arriva à la montagne de Dieu à 'Horeb (1). »

Là, il eut une vision merveilleuse. Il vit un buisson ardent et que les flammes environnaient de telle sorte qu'il semblait qu'elles l'allassent consumer, sans néanmoins que ses feuilles, ni ses fleurs ni ses rameaux en fussent le moins du monde endommagés.

» Mosché (se) dit : il faut que j'approche et que je voie cette grande vision-ci : pourquoi le buisson n'est pas consumé.

» L'Éternel voyant qu'il s'était approché pour regarder, Dieu l'appela du milieu du buisson et dit : Mosché, Mosché! Celui-ci répondit : me voici.

» Il dit : n'approche point d'ici, ôte tes souliers de tes pieds, car l'endroit sur lequel tu es placé est un terrain saint.

» Et il dit : Je suis le Dieu de ton père, le Dieu d'Abraham, le Dieu de Iits'hac et le Dieu de Jacob! Mosché cacha sa face, car il craignait de regarder vers Dieu.

» L'Éternel dit : j'ai remarqué la misère de mon peuple en Égypte; j'ai entendu ses cris à cause de ses exacteurs, car je connais ses souffrances.

» Je suis descendu pour le délivrer de la main de l'Égypte, et pour le faire monter de ce pays dans un pays bon et vaste, dans un pays où coule le lait et le miel, à l'endroit du Kenâanéen, du 'Hétéen, de l'Amoréen, du Périsien du 'Hivien et du Jéboussien.

» Maintenant va; je t'enverrai vers Par'au (Pharaon) et tu feras sortir de l'Égypte mon peuple, les enfants d'Israël.

17.

» Mosché dit a Dieu : qui suis-je pour que j'aille vers Par'au et que je fasse sortir de l'Égypte les enfants d'Israël.

» Il dit : c'est que je serai avec toi, et ceci est un signe pour toi que c'est moi qui t'ai envoyé : lorsque tu auras fais sortir ce peuple de l'Égypte, vous servirez Dieu sur cette montagne.

(1) Exode. Ch. 3. V. 1.

» Va, rassemble les enfants d'Israël, et dis-leur : l'Éternel, le Dieu de vos pères, m'a apparu, le Dieu d'Abraham, de Iits'hac et de Jacob, pour (me) dire : je vous ai rappelés dans mon souvenir, ainsi que ce qui vous arrive en Égypte ;

» Et j'ai dit : je vous ferai monter hors de la misère d'Égypte au pays du Kennâanéen, du 'Hétéen, de l'Amoréen, du Périsien, du 'Hivien, du Jéboussien, dans un pays où coule le lait et le miel.

» Ils entendront ta voix ; vous viendrez, toi et les anciens d'Israël, devant le roi d'Égypte, vous lui direz : l'Éternel, le Dieu des Hébreux, s'est rencontré devant nous ; et maintenant (permets) que nous allions dans le désert, trois jours de marche, que nous fassions des sacrifices à l'Éternel notre Dieu.

» Mosché dit à l'Éternel : de grâce, ô mon Dieu ! je ne suis pas un homme à paroles, ni d'hier ni d'avant-hier, ni même depuis que tu as parlé à ton serviteur ; car *je suis lourd de la bouche et lourd de la langue.*

» L'Éternel lui dit : qui a fait la bouche à l'homme ? qui rend muet ou sourd, voyant ou aveugle, n'est-ce pas moi, l'Éternel ?

» Ainsi va-t-en ; je serai avec ta bouche, et je t'enseignerai ce que tu dois dire.

» Il dit : de grâce, ô mon Dieu, envoie donc celui que tu voudras envoyer.

18.

» La colère de l'Éternel s'enflamma contre Mosché et il dit : n'y a t-il pas ton frère Aharone (Aaron) le lévite ? je sais qu'il parlera bien ; il s'avance même au-devant de toi ; quand il te verra il se réjouira dans son cœur.

» Tu lui parleras, tu mettras les paroles dans sa bouche ; je serai avec ta bouche et avec la sienne ; je vous enseignerai ce que vous aurez à faire.

» *Il parlera pour toi au peuple ;* c'est lui qui te servira de bouche, et tu lui seras un Dieu (1).

19.

Moïse assuré du secours de Dieu, et du pouvoir qu'il lui donnait de faire des miracles toutes les fois qu'il le jugerait nécessaire, con-

(1) Exode, ch 5.

cut une grande espérance de délivrer les Hébreux et d'humilier les Égyptiens ; et il apprit en ce même temps la mort de Pharaon sous le règne duquel il s'était enfui d'Égypte. Ainsi il pria Raguel son beau-père de lui permettre d'y retourner, pour le bien de sa nation ; et n'eut pas de peine à obtenir son consentement. Aussitôt il se mit en chemin avec sa femme et Gerson et Éléazar, ses deux fils ; le nom du premier signifie pèlerin et celui du second, secours de Dieu, d'autant que c'était par ce divin secours qu'il avait été garanti des embûches des Égyptiens. Aaron son frère étant venu par le commandement de Dieu au-devant de lui sur la frontière d'Égypte, il lui raconta tout ce qui lui était arrivé sur la montagne et les ordres que Dieu lui avait donnés. Les principaux des Israélites vinrent aussi le trouver, et pour les obliger d'ajouter foi à ses paroles il usa en leur présence du pouvoir qu'il avait reçu de faire des prodiges. L'étonnement qu'ils en eurent les rassura et il commencèrent à tout espérer de l'assistance de Dieu.

20.

Ainsi Moïse voyant que l'ardent désir qu'avaient les Hébreux de s'affranchir de la servitude, les portait à lui rendre une entière obéissance, alla trouver le nouveau roi « lui représenta les services qu'il
» avait rendus au roi son prédécesseur contre les Éthiopiens, dont
» il n'avait été payé que d'ingratitude, lui raconta ce que Dieu lui
» avait dit sur la montagne de Sinaï, et les miracles qu'il avait faits
» pour l'obliger d'ajouter foi à ses promesses, et le supplia de ne
» point résister par son incrédulité à la volonté de ce souverain
» maître des rois.

» Et Mosché avait 80 ans et Aharone 83, lorsqu'ils parlèrent à
» Par'au (1). »

Pharaon se moqua de ce discours, ainsi que des prodiges dont Moïse l'appuya. Il s'enflamma de plus en plus en colère et après avoir dit à Moïse que sa science et ses artifices lui seraient inutiles il manda à celui qui avait l'intendance des ouvrages ordonnés aux Israélites de les augmenter encore. Ainsi, cet officier leur retrancha la paille qu'il avait coutume de leur fournir pour des briques. De sorte qu'après avoir travaillé durant tout le jour, il fallait qu'ils

(1) Exode VII—7.

allassent la nuit en chercher; ce qui redoublait leur travail (1).

Moïse sans s'émouvoir des menaces du roi, ni être touché des plaintes continuelles des Hébreux qui disaient que tous ses efforts ne servaient qu'à les faire souffrir davantage, demeura ferme dans la poursuite de son dessein; et comme il ne l'avait entrepris que par un ardent désir de leur liberté, il résolut de la leur procurer malgré le roi et malgré eux-mêmes. Il retourna donc trouver ce prince pour le prier de permettre aux Hébreux d'aller sur la montagne de Sinaï offrir un sacrifice à Dieu, comme il l'avait ordonné, et lui représenta « qu'il ne devait pas s'opposer à la volonté du ciel; mais que
» tandis que Dieu lui était encore favorable, son propre intérêt l'obli
» geait d'accorder à ce peuple la liberté qu'il lui demandait. Que
» s'il le refusait, il ne pourrait pas au moins l'accuser d'être la
» cause de son malheur, lorsqu'il attirerait sur lui-même par sa dé
» sobéissance toutes sortes de châtiments, qu'il se verrait sans en
» fants, que l'air, la terre et tous les autres éléments lui seraient
» contraires et deviendraient les ministres de la vengeance divine ;
» qu'au reste les Hébreux ne laisseraient pas de sortir de son royaume
» quoiqu'il ne voulût pas y consentir, mais que les Égyptiens n'é
» viteraient pas la punition de leur endurcissement. »

Ces remontrances de Moïse ne firent point d'impression sur l'esprit du roi. et les Égyptiens se trouvèrent accablés de toutes sortes de maux. 1° L'eau du Nil fut changée en sang; et comme l'Égypte manque de fontaines, ces peuples éprouvèrent que la soif est l'un des plus grands de tous les maux; 2° une multitude innombrable de grenouilles couvrirent la terre et mangeaient tout ce qu'elle produisait; 3° les Égyptiens se trouvèrent couverts d'une telle quantité de poux qu'ils en étaient misérablement mangés, sans pouvoir y apporter aucun remède; 4° Dieu envoya une si grande multitude de diverses sortes de petits animaux jusqu'alors inconnus, que la terre en fut tellement couverte qu'il était impossible de la labourer; 5° les Égyptiens furent tout couverts d'ulcères et plusieurs en moururent; 6° Dieu fit tomber une grêle si épaisse et d'une grosseur si prodigieuse qu'il ne s'en voit pas de semblable dans les pays qui y sont le plus sujets et l'on était néanmoins alors assez avancé dans le printemps. Elle gâta tous les fruits; 7° Il vint ensuite comme une nuée

(1) V. Exode, ch. 5, V. 7 et suiv.

de sauterelles qui ravagèrent ce qui restait, en sorte que les Égyptiens perdirent tout espoir de rien recueillir ; 8° les Égyptiens se trouvèrent environnés de ténèbres si épaisses que ne voyant pas la moindre clarté pour se conduire, plusieurs périrent de diverses manières et les autres craignaient de tomber dans un semblable malheur. Ces ténèbres durèrent trois jours et trois nuits sans que Pharaon pût se résoudre à laisser aller les Israélites. Après qu'elles furent dissipées, Moïse le vint trouver et lui dit : « Jusques à quand, » sire, résisterez-vous à la volonté de Dieu? Il vous commande de » laisser aller les Hébreux et vous n'avez point d'autre moyen de » vous délivrer de tant de fléaux qui vous accablent. » Ce prince transporté de colère le menaça de lui faire couper la tête s'il osait jamais lui tenir un discours semblable; 9° Dieu irrité de la résistance de Pharaon, résolut de frapper encore les Égyptiens d'une plaie qui le contraindrait de laisser aller son peuple. Il commanda à Moïse d'ordonner aux Israélites de se disposer à lui offrir un sacrifice le treizième jour du mois que les Égyptiens nomment pharmutz, les Hébreux nisan et les Macédoniens xantippe, de se tenir prêts pour partir et d'emporter avec eux tout ce qu'ils avaient de bien. Moïse obéit, les rassembla tous, les distribua par bandes et par compagnies, et dès la pointe du quatorzième jour du mois que Dieu lui avait marqué, ils lui offrirent un sacrifice, purifièrent leurs maisons en y jetant du sang avec un bouquet d'hysope, et après avoir soupé brûlèrent tout ce qui restait de viande comme étant près de partir. Les Juifs observent encore cette coutume et donnent à cette fête le nom de Pàques, c'est-à-dire passage, parce que ce fut en cette nuit que Dieu, passant les Israélites sans leur faire de mal, frappa d'une si grande plaie les Égyptiens, que tous les premiers nés en moururent. Une affliction si générale fit courir tout le monde en foule au palais du roi, pour le supplier de permettre aux Hébreux de se retirer.

Ainsi ne pouvant plus résister il en donna l'ordre à Moïse dans la créance que les Hébreux ne seraient pas plutôt partis que l'on verrait cesser les maux dont l'Égypte était accablée.

21.

» Le séjour que les enfants d'Israël avaient fait en Égypte fut de quatre cent trente ans.

» Au bout de 430 ans, en ce même jour, toutes les armées de l'Éternel sortirent du pays de l'Égypte (1).

22.

Les Hébreux ne furent pas plutôt partis que les Égyptiens se repentirent de les avoir laissé aller. Mais le roi eut plus de regret que nul autre, parce qu'il considérait Moïse comme un enchanteur, et croyait que toutes les plaies dont l'Égypte avait été frappée n'étaient qu'un effet de ses charmes. Ainsi il commanda de prendre les armes pour les poursuivre et les contraindre à revenir, si l'on pouvait les joindre. Car outre qu'il s'imaginait que ce ne serait point s'opposer à la volonté de Dieu, puisqu'elle avait été accomplie par la permission qu'il leur avait donnée de s'en aller, il se persuadait qu'il n'y aurait point de peine à vaincre des gens fatigués et désarmés. Ainsi les Égyptiens les suivirent par ces chemins si rudes et si difficiles que Moïse avait choisis à dessein, tant pour leur faire souffrir la peine de la violation de leur foi, s'ils se repentaient de les avoir laissé aller et les poursuivaient, que pour empêcher que les Philistins, voisins de l'Égypte et ennemis des Hébreux, n'eussent avis de leur marche ; et il voulait aussi en quittant le chemin ordinaire qui conduit à la Palestine, prendre celui du désert quoique si pénible pour aller offrir un sacrifice à Dieu sur la montagne du Sinaï, suivant le commandement qu'il avait reçu de lui et se rendre ensuite maître de la terre de Chanaan.

Lors donc que les Hébreux étaient sur les bords de la mer Rouge, ils se trouvèrent environnés de toutes parts par l'armée des Égyptiens composée de 600 charriots de guerre 50,000 chevaux et deux cent mille hommes de pied très-bien armés, sans qu'il leur fût possible de s'échapper, à cause de ce que la mer les enfermait d'un côté et qu'ils l'étaient de l'autre par une montagne innaccessible et des rochers qui s'étendaient jusqu'au rivage. Ils ne pouvaient non plus en venir à un combat, parce qu'ils n'avaient point d'armes ; ni soutenir un siége, parce que leurs vivres étaient consommés ; et ainsi il ne leur restait d'autre moyen de sauver leur vie que de se rendre à discrétion à leurs ennemis. Un si extrême péril leur fit oublier tant de prodiges que Dieu avait faits pour les mettre en liberté ; ils

(1) **Exode** XII-40-41.

accusèrent Moïse de leur malheur et leur incrédulité passa si avant,
que lorsqu'il voulut les assurer de la protection de Dieu, ils furent
près de le lapider et de rentrer volontairement dans leur ancienne
servitude. Car outre leur propre appréhension, ils étaient encore
émus par les cris et par les larmes de leurs femmes et de leurs enfants, que la douleur de se trouver dans une telle extrémité rédui-
sait au désespoir.

Moïse sans s'étonner de voir cette grande multitude si animée
contre lui, demeura ferme dans le dessein d'exécuter son entreprise.
Il ne put se persuader que Dieu après avoir fait tant de miracles
pour procurer leur liberté, permît qu'ils périssent ou qu'ils retom-
bassent entre les mains de leurs ennemis, et ainsi pour leur donner
du cœur et relever leurs espérances, il leur parla de cette sorte :
« Quand ce ne serait qu'à un homme que vous auriez l'obligation
» de vous avoir conduits jusques ici d'une manière si admirable ,
» pourriez vous douter de la continuation de son assistance? Mais Dieu
» lui-même ayant bien voulu être votre conducteur, quelle folie de
» ne vous pas confier à sa protection pour l'avenir après que vous
» avez vu l'accomplissement des promesses que je vous avais faites
» de sa part, lorsque vous n'eussiez pas osé l'espérer. N'est-ce pas
» au contraire dans les plus grands périls qu'il faut le plus se con-
» fier en son secours? Il n'a permis sans doute que vous vous trou-
» viez réduits en cet état, qu'afin que lorsque vous vous croyez per-
» dus et que vos ennemis se persuadent que vous ne sauriez leur
» échapper, l'assistance qu'il vous donnera fasse connaître à tout le
» monde, non-seulement sa puissance, à la quelle rien ne résiste ,
» mais l'affection qu'il vous porte. Car c'est principalement en de
» semblables occasions qu'il se plaît à faire voir qu'il combat pour
» ceux qui n'espèrent qu'en lui seul. Cessez donc d'appréhender ,
» puisqu'il veut être votre défenseur, lui qui peut rendre grand ce
» qui est petit et fortifier ce qui est faible. Que leur armée toute
» formidable qu'elle est ne vous épouvante point ; et quoique en-
» fermés d'un côté par les montagnes, et de l'autre par la mer,
» gardez-vous bien de perdre courage, puisque Dieu peut quand
» il lui plaît sécher les mers et aplanir les montagnes. »

» Après que Moïse eût ainsi parlé, il mena les Israélites vers la
mer à la vue des Égyptiens, qui, à cause qu'ils étaient las du chemin

qu'ils avaient fait, avaient remis au lendemain de les attaquer.

« Mosché dit au peuple : ne craignez rien, restez tranquille et voyez le secours que l'Éternel vous donnera aujourd'hui ; car tels que vous avez vu les Égyptiens aujourd'hui vous ne les verrez plus jamais.

» L'Éternel combattra pour vous ; et vous, taisez-vous !

» L'Éternel dit à Mosché : pourquoi cries-tu vers moi ! Parle aux enfants d'Israël ; qu'ils marchent.

» Et toi, élève ton bâton et étends ta main sur la mer, fends-la, et que les enfants d'Israël entrent au milieu de la mer à sec.

» Quant à moi, je rendrai fort le cœur des Égyptiens pour qu'ils y entrent après eux ; je serai glorifié en Par'au et en toute son armée, dans ses charriots et dans ses cavaliers.

» Les Égyptiens sauront que je suis l'Éternel, quand j'aurai été glorifié en Par'au dans ses charriots et dans ses cavaliers.

« L'ange de Dieu qui allait devant le camp d'Israël partit et marcha derrière ; la colonne de nuée qui était devant eux se retira et se plaça derrière eux,

» Et vint entre le camp des Égyptiens et le camp d'Israël ; il y eut une nuée et une obscurité, et elle éclaira la nuit ; et toute la nuit l'un n'approcha pas de l'autre.

23.

« Mosché étendit sa main sur la mer ; l'Éternel poussa la mer toute la nuit par un violent vent d'Orient et il mit la mer à sec ; ainsi les eaux furent séparées.

» Les enfants d'Israël entrèrent au milieu de la mer à sec, ayant l'eau pour mur à droite et à gauche.

» Les Égyptiens les poursuivirent et vinrent derrière eux ; tous les chevaux, les charriots et les cavalier, de Par'au au milieu de la mer.

» C'était vers la veille du matin : l'Éternel jeta un regard sur le camp d'Égypte à travers la colonne de feu et mit en désordre le camp des Égyptiens ;

» Dont il ôta les roues des chars qu'il fit se traîner péniblement ; alors l'Égyptien dit : fuyons devant Israël, car l'Éternel combat pour eux contre l'Égypte.

» L'Éternel dit à Mosché : étends ta main sur la mer : les eaux

retourneront sur les Égyptiens, sur les charriots et sur les cavaliers.

» Mosché étendit sa main sur la mer; la mer retourna, vers le matin, à son impétuosité, tandis que les Égyptiens coururent au-devant d'elle; l'Éternel précipita les Égyptiens au milieu de la mer.

» Les eaux revinrent et couvrirent les charriots et les cavaliers de toute l'armée de Par'au qui étaient entrés dans la mer après eux; il ne resta d'entre eux pas un seul.

» Mais les enfants d'Israel marchèrent à sec dans la mer, ayant les eaux pour mur à droite et à gauche.

» L'Éternel délivra en ce jour Israël des Égyptiens; Israël vit l'Égypte morte sur les bords de la mer.

» Israël vit la main puissante que l'Éternel avait déployée sur l'Égypte; le peuple craignit l'Éternel; il crut en l'Éternel et en Mosché son serviteur (1).

24.

Mais la joie que ressentirent les Israélites de se voir ainsi délivrés par le secours tout puissant de Dieu lorsqu'ils l'espéraient le moins, fut troublée par les extrêmes incommodités qui se rencontrèrent sur le chemin de la montagne de Sinaï.

» Ils marchèrent pendant trois jours dans le désert sans trouver d'eau.

» Ils vinrent à Mara; mais il ne purent boire des eaux de Mara parce qu'elles étaient amères. C'est pourquoi ce lieu fut nommé Mara (*amer*).

» Le peuple murmura contre Mosché, en disant que boirons-nous?

» Celui-ci cria à l'Éternel; l'Éternel lui indiqua un (certain) bois qu'il jeta dans les eaux, et les eaux devinrent douces.

» L'Éternel parla ainsi à Mosché :

» J'ai entendu les murmures des enfants d'Israël; dis-leur, sa-voir : Entre les deux soirs, vous mangerez de la viande, et au matin vous vous rassasierez de pain, et vous saurez que je suis l'Éternel, votre Dieu.

» Le soir il monta des cailles qui couvrirent le camp et au matin il y eut une couche de rosée autour du camp.

(1) Exode XIV-13 et suiv.

» Cette couche de rosée s'étant dissipée, il y eut sur la surface
du désert quelque chose de menu, de graineux, menu comme la ge-
lée blanche sur la terre.

» Les enfants d'Israël l'ayant vu, se dirent l'un à l'autre : c'est
une nourriture; car ils ne savaient pas ce que c'était

» Mosché leur dit : c'est là le pain que l'Éternel vous a donné à
manger (1).

25.

Pour donner des lois au peuple hébreu, Moïse s'adressa à **Dieu**.
Il en obtint les règles de conduite dont nous nous occuperons lorsque nous apprécierons la Bible au point de vue littéraire et légis-
latif.

Nous aurons alors à montrer, ce que nous pouvons avancer dès
aujourd'hui, que Moïse a été *fondateur de religion*, grand *législateur* et grand *écrivain*.

Il a joint à ces éminentes qualités celles d'*historien*, de *général*
et de *pontife*.

J.-J. Rousseau, appréciant Moïse comme législateur, s'exprime
ainsi : « La loi judaïque toujours subsistante, celle de l'enfant d'Is-
» maël, qui, depuis dix siècles, régit la moitié du monde, annon-
» cent encore aujourd'hui les grands hommes qui les ont dictées :
» et tandis que l'orgueilleuse philosophie ou l'aveugle esprit de
» parti ne voit en eux que d'heureux imposteurs, le vrai politique
» admire dans leurs institutions ce grand et puissant génie qui pré-
» side aux établissements durables (2). »

26.

•Moïse était surtout UNITAIRE.

27.

Sa sollicitude pour le peuple Hébreu ne s'est jamais démentie
dans aucune circonstance.

Et voici le discours qu'il prononça lors de ses derniers moments :

« Puisque c'est aujourd'hui que Dieu a résolu de finir ma vie,
» et que je m'en vais trouver nos pères, il est bien juste qu'avant

---

( ) Exode, ch. XV—22 et suiv.
(2) Contrat social, liv. 2, ch. 7.

» de mourir je lui rende grâce en votre présence du soin qu'il a eu
» de vous, non-seulement en vous délivrant de tant de maux, mais
» en vous comblant de tant de biens ; et de ce qu'il m'a toujours as-
» sisté dans les travaux que j'ai eu à soutenir pour vous procurer
» ces avantages. Car c'est à lui seul que vous devez le commence-
» ment et l'accomplissement de votre bonheur : je n'en ai été que
» le ministre : je n'ai fait qu'exécuter ses ordres ; et ce sont des ef-
» fets de sa toute puissance dont je ne saurais trop lui rendre grâ-
» ces, ni *trop le prier de vous les continuer*. Je m'acquitte donc de
» ce devoir, et vous conjure de graver dans votre mémoire un si
» profond respect pour Dieu, et tant de vénération pour ses saintes
» lois, que vous les considériez toujours comme la plus grande de
» toutes les faveurs qu'il vous a déjà faites et que vous sauriez ja-
» mais recevoir de lui. Que si un législateur, quoiqu'il ne soit
» qu'un homme, ne saurait souffrir que l'on néglige les lois qu'il a
» établies, mais venge ce mépris de tout son pouvoir, jugez quel
» sera le courroux et l'indignation de Dieu si vous manquez d'ob-
» server les siennes. Mais je le prie de tout mon cœur de ne pas
» permettre que vous soyez assez malheureux pour l'éprouver. »

28.

Il marcha ensuite vers le lieu où il devait finir sa vie... Lorsqu'il
fut arrivé sur la montagne d'Abar qui est vis-à-vis de Jéricho, et si
haute qu'on voit de là tout le pays de Chanaan, il donna congé aux
sénateurs, embrassa Éléazar et Josué et leur dit le dernier adieu.
Comme il parlait encore, une nuée l'environna et il fut transporté
dans une vallée.

29.

« Jamais homme n'a égalé en sagesse cet illustre législateur, jamais nul n'a su comme lui prendre toujours les meilleures résolu-
tions et si bien les exécuter ; et jamais nul autre ne lui a été com-
parable dans la manière de traiter avec un peuple, de le gouverner,
de le persuader par la force de ses discours. Il a toujours été tellement maître de ses passions qu'il semblait en être exempt, et ne les
connaître que par les effets qu'il en voyait chez les autres. Sa
science dans la guerre lui peut donner rang entre les plus grands
capitaines, et nul autre n'a eu le don de prophétie à un si haut

point, car ses paroles étaient comme autant d'oracles, et il semblait
que Dieu lui-même parlait par sa bouche (1). »

DEUXIÈME SECTION.

MAHOMET.

§ 1.

L'an 571 de l'ère chrétienne, Mohammed (que l'on nomme plus
communément Mahomet) naquit à la Mecque, sur les bords de la
mer Rouge.

Il était fils d'Abdallah, fils d'Abdel-Motalleb, et descendait par
son père, et par sa mère de la tribu des Koréïshites, la plus illustre
parmi les Arabes puisqu'elle descendait en ligne directe d'Ismaël, fils
d'Abraham, et qu'elle possédait depuis cinq générations la souveraineté de la Mecque et l'intendance de la Caabah.

2.

La légende de Mahomet porte qu'à sa naissance il se fit de grands
prodiges.

A l'instant où il vint au monde une lumière brillante éclaira les
villes et les bourgades d'alentour ; le palais de Cosroès, alors roi de
Perse, s'ébranla ; quatre de ses tours s'écroulèrent ; le feu sacré de
Zoroastre, allumé depuis plus de mille ans, s'éteignit et les lacs se
desséchèrent. L'enfant nouveau-né ayant à peine vu le jour s'é-
chappa des mains de la sage-femme, se jeta à genoux, leva les yeux
au ciel, et prononça d'une voix mâle et distincte ces mots sacrés :
« Dieu est grand ; il n'y a que Dieu qui soit Dieu, et je suis son
» prophète. »

Les assistants étonnés prirent l'enfant, l'examinèrent et s'aper-
çurent avec admiration qu'il était né circoncis.

Mahomet parla une seconde fois, alors les démons, les mauvais
génies, les esprits des ténèbres furent précipités des étoiles, des

(1) **Flavius Joseph.**

planètes et des signes du zodiaque où ils demeuraient, dans les abîmes éternels.

3.

Toutes ces merveilles causèrent une telle joie à la famille d'Abdallah, qu'on donna à l'enfant le nom de *Mahomet* (ou Mohammed) c'est-à-dire *couvert de gloire*.

4.

Abdallah son père, mourut deux mois après, ne laissant pour tout héritage à son fils au berceau, que cinq chameaux et une esclave éthiopienne, nommée Baraca.

Amœna, sa mère, s'était chargée de l'allaiter. Mais l'air de la Mecque étant malsain pour les enfants, on avait coutume de les donner à des nourrices qui les emportaient à la campagne. Halima, qui n'avait point trouvé de nourrisson, alla demander Mahomet, que les autres nourrices avaient refusé à cause de la pauvreté de sa mère. Elle l'emmena dans le désert des Saadites, son pays ; et la bénédiction du Très-Haut se répandit sur toute sa maison.

5.

Mahomet avait environ trois ans, lorsqu'Amœna sa mère, mourut. Abdel-Motalleb prit son petit-fils dans sa maison et l'éleva comme ses propres enfants.

Mais à l'âge de huit ans Mahomet perdit encore son grand-père. Il trouva un asile chez Aboutaleb, son oncle, qui l'instruisit dans le commerce, et l'emmena avec lui en Syrie.

6.

A l'âge de treize ans, il avait déjà plus d'esprit et de sagesse que les hommes consommés. C'est vers cet âge qu'ayant reçu l'hospitalité dans un monastère de Bosra, il fut remarqué par le moine Bahira, que Prideaux croit à tort être le même que Sergius. Il n'est pas vrai que ce moine fut, comme on l'a dit, un hérétique italien, ni qu'il ait dicté le Koran. Tout ce qui paraît certain, c'est qu'il fut étonné des hautes dispositions du jeune koréïshite, et qu'il lui prédit de brillantes destinées.

7.

De retour à la Mecque, Mahomet vit dans la maison de son oncle, qui était préfet du temple, tous les princes arabes et les personnages les plus distingués de son temps.

8.

Sa *beauté*, son esprit, sa bonne foi, son horreur pour le vice lui gagnèrent tous les cœurs; on le surnomma même *el Amin*, l'homme sûr et fidèle.

9.

Il joignit bientôt la gloire des armes à ses autres avantages. A quinze ans il avait fait ses premières campagnes; et la victoire s'était fixée partout où il avait combattu.

10.

Il était impossible que ce jeune homme n'attirât pas tous les regards. Une veuve riche et noble, qui faisait un commerce très-étendu, jeta les yeux sur lui et le chargea de diriger ses affaires. Il entra donc dans la maison de *Khadidja,* non pas en qualité de conducteur de chameaux comme on l'a dit, mais en qualité d'associé. Il partit pour la Syrie où les intérêts de Khadidja demandaient un voyage.

Le voyage fut heureux. Mahomet revint chargé de richesses; et Khadidja qui l'aimait, *lui offrit sa main* qu'il accepta avec reconnaissance. Il avait 25 ans; elle en avait quarante. Elle fut dit-on la première qui crut à sa mission; du reste, elle n'eut pas à se repentir d'avoir fait sa fortune : Mahomet l'aima constamment; et tant qu'elle vécut il refusa de prendre d'autres femmes, comme le lui permettait la loi du pays.

11.

Pendant les quinze premières années qui suivirent son mariage, il vécut dans la solitude, méditant au fond de sa retraite cette religion qui devait soumettre l'Orient. Et ce fut à quarante ans qu'il commença son apostolat.

On a dit qu'il fallait aux Arabes un législateur tel que Mahomet, et à Mahomet un peuple comme les Arabes. En effet ils étaient alors plongés dans une profonde idolâtrie : le temple de la Mecque consacré dans l'origine à un seul Dieu était entouré de trois cents idoles. Mahomet résolut de détruire ce culte absurde et fonda une religion nouvelle qui devait être une transaction pour ainsi dire entre le spiritualisme chrétien et les croyances matérielles des anciens Arabes.

Il avait d'ailleurs été instruit dans les croyances juives et chrétiennes, telles qu'elles étaient répandues de son temps, par les po-
pulations juives et chrétiennes établies en Arabie depuis plusieurs
siècles.

12.

Mahomet composa le Koran, pour ne paraître aux yeux de sa nation qu'avec un livre divin. Il connaissait les Arabes, il voulut les
séduire par un style gracieux, par la magnificence des images, et par
des promesses qui pussent flatter leurs penchants. On remarque,
comme un trait d'habileté, qu'il ne le donna que suivant les circonstances, et dans l'espace de vingt-trois ans.

Pour en mieux dissimuler l'auteur, il feignit de ne savoir ni lire
ni écrire, prit le ton imposant des prophètes, et assura que ce qu'il
annonçait lui avait été dicté par l'ange Gabriel (1).

13.

Le moment qu'il avait choisi pour annoncer sa religion étant
venu, il se retira, comme il le faisait tous les ans, dans une grotte
du mont Hara. La nuit étant arrivée, Gabriel descendit du ciel, et
lui dit : *Lis !* Je ne sais pas lire répondit Mahomet. — *Lis*, reprit
l'ange, au nom du créateur. — Il lui présenta les premiers versets
du quatre-vingt-seizième chapitre du Koran. Mahomet récita ces
versets et s'avança sur la montagne, où il entendit une voix céleste
qui répétait ces mots : « O Mahomet, tu es l'apôtre de Dieu et je suis
Gabriel. »

Qand l'ange eut disparu, Mahomet retourna à sa maison et raconta sa glorieuse vision à Khadidja, qui en fut comblée de joie.
Elle courut apprendre ces merveilles à Waraca, son parent, qu'elle
entraîna dans l'*Islamisme*. C'est le nom que Mahomet donna à sa
doctrine ; il signifie *consécration à Dieu*.

14.

Bientôt le jeune Ali, fils d'Aboutaleb, Zaïd, Aboubècre, père de
la charmante Aïesha, Otman, Aberhoman, Saad, Zobaïr, Telha,
Abu-Obeïda, Saïd, Abdallah, Amer, tous citoyens recommandables

(1) On dit qu'il avait habitué un pigeon à venir se percher sur son épaule, et qu'il
persuadait au peuple que c'était l'ange Gabriel qui, sous cette forme, lui parlait à
l'oreille.

de la Mecque, s'attachèrent au prophète. Il assembla tous ses parents, leur annonça une nouvelle révélation de Gabriel, et leur dit :
« Je vous offre le bonheur dans ce monde et la félicité dans le ciel.
» Qui de vous sera mon visir ? Qui de vous veut être mon lieute-
» nant et mon calife ? » Comme tout le monde gardait le silence,
Ali se leva indigné et s'écria : « Ce sera moi, ô prophète, je partagerai
» tes travaux et j'exterminerai tes ennemis. » Mahomet embrassa
l'ardent Ali, et dit aussitôt : « Voilà mon frère, mon lieutenant et
» mon calife. Écoutez-le et lui obéissez. »

15.

Ce début n'eut pas grand succès ; on se révolta contre un homme
qui détruisait les dieux. Toute sa famille l'abandonna ; ses disciples
seuls lui restèrent fidèles. Les Koréïshites, qui étaient à peu près à
la Mecque ce que furent les Lévites à Jérusalem, se réunirent pour
écraser celui qui renversait leurs autels. Ils déclarèrent au vieil
Aboutaleb que s'il n'imposait silence à son neveu, ils allaient prendre
les armes pour exterminer la secte naissante. Aboutaleb effrayé se
hâta d'aller trouver Mahomet. Le prophète lui répondit : « Quand
» ils armeraient contre moi le soleil et la lune, et que je verrais ces
» deux astres, l'un à ma droite, l'autre à ma gauche, je ne serais pas
» moins inébranlable. »

16.

Cependant la tribu s'étant assemblée prononça l'exil contre tous
ceux qui avaient embrassé l'islamisme. Mahomet se retira dans un
château situé sur le mont Safa. Abugehel l'y rencontra, l'accabla
d'injures, et Mahomet garda le silence. Mais Hamza son oncle courut le venger, et tua l'insolent Abugehel au milieu même de l'assemblée des Koréïshites, après quoi il se fit Musulman.

Cette conversion fut un triomphe pour le prophète. Ses ennemis
voyant que sa persécution n'intimidait pas les sectateurs de l'islamisme, ne cherchaient plus qu'un homme assez déterminé pour ôter
la vie à leur chef. Le féroce Omar offrit son bras, et partit armé
pour la retraite du prophète. En chemin il entra chez sa sœur, qui
lisait un chapitre du Koran. Cette lecture changea la disposition
de son esprit, et l'enthousiasme succéda à la fureur et à la violence ;
il courut au château de Safa ; Mahomet au milieu de quarante fidèles s'avança à sa rencontre. « Je viens, lui dit Omar, croire eu

» Dieu et en son apôtre. » Il embrassa l'islamisme, dont il devint
un des plus zélés défenseurs, et abandonna l'idolâtrie ; mais il garda
sa férocité. On la surnommé *Elfarouk* (le diviseur) parce qu'il fen-
dit en deux un Musulman qui osait réclamer contre une sentence
de Mahomet.

17.

Le nouveau culte faisait de grands progrès à Médine ; presque
toute cette ville avait embrassé l'islamisme. Mosaab, leur chef, conduisit à la Mecque, en pèlerinage, soixante-trois des principaux ha-
bitants. Ils vinrent jurer à Mahomet de lui être fidèles, et le prophète leur promit le paradis. Il ordonna ensuite aux nouveaux con-
vertis de choisir douze d'entre eux pour veiller sur le peuple de Médine. « Je vous établis, leur dit-il, les répondants du peuple, avec
la même puissance qu'eurent les disciples de Jésus ; et moi, je suis
le répondant et le chef de tous les vrais croyants. »

Prévoyant l'orage qui s'élevait contre lui à la Mecque, il invita
tous les Musulmans à se retirer à Médine ; il y fit conduire sa famille, et entra seul dans la Mecque avec Aboubècre et Ali. Il ne
voulait fuir lui-même que devant un danger réel ; les Koréïshites le
croyant abandonné s'assemblèrent, et le conseil conclut à la mort.

Mahomet instruit du péril commanda au généreux Ali de cou-
cher dans son lit, revêtu de son manteau vert ; il alla ensuite trouver
Aboubècre, et s'enfuit avec lui à la faveur des ténèbres. C'est de
cette époque célèbre que les orientaux comptent leur ère, qu'ils nomment *l'hegire* ou la fuite.

18.

Le vendredi suivant Mahomet fit à son entrée à Médine, sous un
dais de feuillage porté par ses disciples. Il fit bâtir une mosquée à
l'endroit où s'arrêta son chameau ; il s'occupa d'affermir son pouvoir ; il acheva de s'attacher Aboubècre en épousant sa fille Aïesha ;
il éteignit les jalousies des tribus, ordonna à tous ses disciples de
s'aimer comme des frères ; il recommanda aux croyants de se tour-
ner dans leurs prières vers le temple de la Mecque. Il indiqua la
formule du crieur qui devait appeler le peuple à l'oraison (1). Il

---

(1) Dieu est grand, j'atteste qu'il n'y a qu'un Dieu. J'atteste que Mahomet est
son apôtre. Venez à la prière ; venez à l'adoration. Dieu est grand ; il est unique.

consacra ensuite le jeûne, ou le carême du mois de ramadan, parce
c'est dans ce mois que le Koran commença de descendre du ciel, où
il est écrit de toute éternité, quoique les docteurs affirment que
Dieu en traça les pages augustes, dans le temps, sur la peau du bé-
lier qu'Abraham immola à la place d'Isaac. Il fit paraître enfin le
chapitre qui ordonne formellement de combattre les idolâtres; et
pour la première fois il défendit sa religion les armes à la main.

19.

Avec trois cent treize hommes, deux chevaux et soixante-dix
chameaux, il marcha au-devant de deux mille Koréïshites idolâtres;
il parla à ses soldats, les remplit d'un enthousiasme inexprimable,
leur fit entrevoir trois mille anges qui combattaient avec eux, et la
petite troupe fut victorieuse.

On pense bien qu'après de tels succès, Mahomet fut reçu en
triomphe à Médine. De nouvelles victoires vinrent bientôt augmenter le nombre de ses partisans. Ali se distinguait partout avec
tant d'éclat, qu'il lui donna en mariage Fatime, sa fille chérie.

Les combats recommencèrent bientôt; de nouveaux succès en-
couragèrent l'islamisme. Cependant les croyants éprouvèrent une
grande défaite; Mahomet fut même blessé au visage; le brave
Hamza fut tué.

20.

On trouve dans ces guerres beaucoup d'horreurs. Comme l'i-
vresse avait surtout des effets terribles chez les Arabes, Mahomet
leur défendit le vin. Il promulgua plusieurs lois sages qu'on trouve
dans le Koran. Il échappa à un grand nombre de trahisons qui furent déjouées par son intrépidité et son sang-froid. Un idolâtre vint,
l'épée à la main, pour le tuer, au moment où il se reposait à l'é-
cart. Mahomet le regarda fixement, sans s'émouvoir. Étonné de ce
calme, l'assassin s'arrête et feint de jouer avec son épée. « N'avez-
vous vous pas eu peur, dit-il au prophète? — Et qu'avais-je à
craindre, répondit froidement Mahomet? » L'idolâtre stupéfait, prit
la fuite; et les Arabes assurent que Dieu l'avait renversé par terre
au moment où il voulait frapper, ce qui est bien fait pour intimider
un brigand.

Médine fut bientôt assiégée par les ennemis du prophète. Au

milieu de la consternation qu'inspirait leur nombre, Mahomet montrait une tranquillité étonnante. Il les força à se retirer, alla ensuite les combattre, les vainquit et les mit en pièces.

21.

A la paix il devint épris de Zaïnab, charmante épouse de Zaïd son fils adoptif. Zaïd en fut instruit, la répudia, et le prophète l'épousa, après avoir autorisé ce mariage par un chapitre du Koran.

22.

Il marcha sur la Mecque, qui lui demanda la paix. Le prophète l'accorda et tourna ses armes contre d'autres ennemis. Des guerres continuelles renaissaient tous les jours, et des miracles signalaient chaque pas du prophète.

Dans les victoires qu'il remporta sur les juifs, il épousa deux de leurs filles, la belle Rihana et la séduisante Safia, que l'honneur d'être les épouses d'un prophète engagea à se faire musulmanes. Quelques auteurs musulmans lui donnent quinze femmes légitimes ; d'autres en comptent vingt-six ; mais on n'en connaît que douze, qu'il savait, dit-on, rendre toutes heureuses.

23.

Cependant Zaïnab voulut l'empoisonner dans un agneau rôti. Il n'en avala qu'une bouchée, et s'aperçut du poison qui était très-violent. Bashar, un de ses compagnons, mourut sur-le-champ, et les docteurs assurent que l'épaule de l'agneau parla à Mahomet, pour lui révéler le crime. Il demanda à Zaïnab quel motif l'avait portée à cette atrocité. « J'ai pensé, repondit-elle, que si vous étiez réellement prophète, vous vous apercevriez aisément du poison, et que si vous ne l'étiez pas, nous serions enfin délivrées de votre tyrannie. » Malgré la vigueur de ce raisonnement, l'amoureux Mahomet ne se vengea point. Il se contenta de renvoyer Zaïnab à ses parents.

Mais la malignité du poison abrégea sa vie, et lui fit éprouver de vives douleurs jusqu'à sa mort.

24.

Il poursuivit le cours de ses conquêtes. Se trouvant assez fort pour commander en maître à la Mecque, il fit abattre enfin toutes

es statues des idoles, et fit arracher du temple les portraits de femmes que les Arabes adoraient, car ils croyaient que les anges étaient
de belles filles, et ils leur rendaient les honneurs divins. C'est sans
doute cette opinion très-répandue en Arabie qui fit si bien recevoir
les houris.

25.

Au milieu de tous les combats qu'il serait trop long de décrire,
il n'oubliait pas les cérémonies religieuses.

Lorsqu'il eut atteint l'âge de 63 ans, il ramassa sept pierres, les
jeta contre Satan, immola soixante-trois victimes, et fit descendre du
ciel ces paroles célèbres : « Aujourd'hui j'ai mis le sceau à votre religion. » On assure qu'à ce moment la chamelle du prophète, accablée
sous le poids des révélations, fléchit le genou et se prosterna à terre.

Il donna la liberté à ses esclaves, régla beaucoup d'affaires, et
soutint la dignité de prophète jusqu'à sa mort, qui arriva peu de
temps après.

26.

Mahomet était d'une taille moyenne ; sa tête était forte, sa barbe
épaisse, ses pieds et ses mains rudes ; sa charpente osseuse annonçait la vigueur, son visage était coloré. Il avait les yeux noirs, les
cheveux plats, les joues unies, le cou semblable à une urne d'argent.
Dieu ne permit pas, dit Anas, que ses cheveux reçussent en blan-
chissant l'outrage des années : il avait seulement vingt poils blancs
à la barbe, et quelques cheveux blancs sur le sommet de la tête.

L'esprit et la raison du prophète l'emportaient sur ceux des autres hommes. Adressant à Dieu de fréquentes prières, il était très-
sobre de discours futiles. Son visage annonçait une bienveillance
constante ; il aimait à garder le silence ; son humeur était douce, son
caractère égal. Ses parents, ou ceux qui ne lui étaient pas attachés par
les liens du sang, les puissants ou les faibles, trouvaient en lui une
justice égale. Il aimait les humbles, et ne méprisait pas le pauvre
cause de sa pauvreté, comme il n'honorait pas le riche, à cause de
sa richesse. Toujours soigneux de se concilier l'amour des hommes
marquants et l'attachement de ses compagnons, qu'il ne rebutait jamais, il écoutait avec une grande patience celui qui venait s'asseoir
auprès de lui. Jamais il ne se retirait que l'homme auquel il donnait
audience ne se fût levé le premier ; de même que, si quelqu'un lui

prenait la main , il la laissait aussi longtemps que la personne qui l'avait abordé ne retirait pas la sienne. Il en était de même si l'on restait debout à traiter avec lui de quelque affaire ; toujours, dans ce cas, il ne partait que le dernier. Souvent il visitait ses compagnons, les interrogeant sur ce qui se passait entre eux. Il s'occupait lui-même à traire ses brebis, s'asseyait à terre, raccommodait ses vêtements et ses chaussures, qu'il portait ensuite, tout raccommodés qu'ils étaient. Abou-Horaïra nous a laissé la tradition suivante : « Le pro-
» phète, dit-il, sortit de ce monde sans s'être une seule fois rassa-
» sié de pain d'orge, et quelquefois il arrivait que sa famille passait
» un ou deux mois sans que, dans aucune des maisons où elle faisait
» sa résidence, il y eut eu du feu d'allumé. Des dattes et de l'eau
» faisaient toute sa nourriture. Quant au prophète , il était parfois
» obligé, pour tromper sa faim , de se serrer (avec sa ceinture) une
» pierre sur le ventre (1). »

27.

Le Koran fut publié dans l'espace de vingt-trois ans, partie à la Mecque, partie à Médine, et suivant que le législateur avait besoin de faire parler le ciel. Les versets furent écrits par ses secrétaires, sur des feuilles de palmiers et sur du parchemin. On les déposait confusément dans un coffre. Aboubècre, après la mort de Mahomet, les recueillit en un volume, mais sans ordre, tellement que le dernier chapitre que Mahomet ait fait descendre du ciel est le neuvième du recueil arrangé par Aboubècre ; et que les premiers versets qui ont été révélés au prophète se trouvent en tête du chapitre quatre-vingt seizième.

Ce bouleversement a jeté dans le Koran une confusion qui souvent en a obscurci le mérite. Cependant on ne peut s'empêcher d'y trouver beaucoup de passages sublimes. Il est généralement écrit en prose cadencée. Quelquefois aussi , quittant le langage ordinaire, Mahomet peint en vers majestueux l'Éternel assis sur le trône des mondes, donnant des lois à l'univers. Ses vers deviennent harmonieux et légers, lorsqu'il décrit les plaisirs éternels du séjour des délices ; ils sont pittoresques, énergiques, quand il offre la peinture des flammes dévorantes (2).

(1) Vie de Mohammed par *Aboulféda*, traduction de M. Noel Desvergers.
(2) Préface de Savary.

28.

Mahomet fut donc *guerrier*, *prophète*, *fondateur de religion*, grand *législateur*, grand *écrivain*, et UNITAIRE.

Dans l'espace de trois années de laborieuses tentatives, le nombre des partisans de Mahomet ne s'éleva qu'à *quatorze*; aujourd'hui on compte *quatre-vingt-seize millions* de mahométans.

TROISIÈME SECTION.

NAPOLÉON.

§ 1.

Napoléon Bonaparte naquit à Ajaccio en Corse, le 15 août 1769.

L'origine nobiliaire de la famille Bonaparte ou Buonaparte est constatée par des documents historiques du 14ᵉ siècle, et par le choix que la province de Corse fit en 1776 de Charles *de Buonaparte*, père de Napoléon, pour représenter sa noblesse dans la députation qu'elle envoya au roi de France. On sait aussi, à n'en pouvoir douter, que la famille Bonaparte était originaire de San Miniato, en Toscane.

Letizia Ramolino, également d'une famille noble, femme d'une beauté remarquable, donna le jour à huit enfants, dont Napoléon fut le second.

2.

L'enfance de Napoléon se passa sans jeux, comme sa jeunesse sans plaisirs, mais non pas sans amitié. Il semble qu'il soit pressé de vivre. Son premier âge a une sorte de maturité, dont les penchants sérieux contrastent singulièrement avec ses jeunes années.

3.

Admis à l'âge de huit ans au collége de Brienne, par la protection de M. de Marbeuf, gouverneur de la Corse, que son père Charles Bonaparte, avait victorieusement défendu à Versailles contre

le crédit de **M.** de Narbonne-Pelez, il se distingua promptement par
une forte originalité de caractère et par une intelligence pour laquelle les plus grandes difficultés avaient un vif attrait. Naturellement
doux et affectueux (c'est lui-même qui s'est loyalement rendu cette justice), il cherchait pourtant la solitude sans doute pour mieux sonder
l'abîme de sa pensée.

M. de l'Éguille, son professeur d'histoire, écrivait de Napoléon :
« Corse de nation et de caractère, il ira loin si les circonstances le
» favorisent. »

4.

Voici comment M. Ottavi trace le portrait de Napoléon : « Le
» *beau type* de sa figure devait lui faire pardonner ce qu'il y avait
» de sauvage et d'indomptable dans son organisation. Une parfaite
» régularité de traits rehaussée par un front olympien, un teint
» d'une pâleur ardente et safranée que tempérait un sourire léger,
» effaçant l'ironie facilement éclose aux coins des lèvres ; des yeux
» bleu de ciel, capables de contenir l'infini et ne laissant ordinaire-
» ment surnager à leur surface qu'une bienveillance calme, quoique
» pouvant facilement se voiler de vapeurs dont la foudre ne tarde-
» rait pas à jaillir; des cheveux plats, inflexibles comme la destinée;
» toujours beau, même dans la colère, même dans la douleur,
» comme l'Apollon du Belvedère et le Laocoon : ce sont là des avan-
» tages avec lesquels Napoléon ne pouvait manquer de captiver les
» femmes. »

5.

A présent, voyons comment Napoléon parle de lui-même dans
son mémoire publié en 1821 (1).

« Ma vie a été si étonnante , que les admirateurs de mon
pouvoir ont pensé que mon enfance même avait été extraordinaire.

---

(1) Ce Mémoire est à mes yeux, un monument très-digne d'attention, et même de
confiance; non que l'on puisse dire : Napoléon lui-même l'a écrit ; on sait qu'il n'en
est point l'auteur, et que même ce Mémoire ne nous est parvenu que mutilé ; mais
on sait aussi que le fond en est authentique; que Napoléon l'a dicté soit volontairement, soit à son insu à un homme partageant sa retraite, et susceptible de recevoir
fortement l'impression de son âme et de ses pensées; ce Mémoire est d'ailleurs en
harmonie trop remarquable avec sa vie entière, pour que l'on ne puisse le considérer
comme son ouvrage....

(Azaïs, jugement impartial sur Napoléon, page 3.)

Ils se sont trompés. Mes premières années n'ont rien eu de singulier. Je n'étais qu'un enfant obstiné et curieux. Ma première éducation a été pitoyable, comme tout ce qui se faisait en Corse: J'ai appris assez facilement le français, par les militaires de la garnison, avec lesquels je passais mon temps.

6.

» Je réussissais dans ce que j'entreprenais parce que je le voulais : mes volontés étaient fortes, et mon caractère décidé. Je n'hésitais jamais ; ce qui m'a donné de l'avantage sur tout le monde.

» Mon esprit me portait à détester les illusions; j'ai toujours discerné la vérité de plein saut; c'est pourquoi j'ai toujours vu mieux que d'autres le fond des choses.

Le monde a toujours été pour moi dans le *fait*, et non dans le *droit*. Aussi n'ai-je ressemblé à peu près à personne. *J'ai été par ma nature toujours isolé.*

» Je n'ai jamais compris quel serait le parti que je pourrais tirer des études, et dans le fait elles ne m'ont servi qu'à apprendre des méthodes. Je n'ai retiré quelque fruit que des mathématiques. Le reste ne m'a été utile à rien, mais *j'étudiais par amour-propre.*

7.

» Je pensais plus vite que les autres, en sorte qu'il m'est toujours resté du temps pour réfléchir. C'est en cela qu'a consisté ma profondeur.

» Ma tête était trop active pour m'amuser avec les divertissements ordinaires de la jeunesse. Je n'y étais pas totalement étranger, mais je cherchais ailleurs de quoi m'intéresser. Cette disposition me plaçait dans une espèce de *solitude*, où je ne trouvais que mes propres pensées. Cette manière d'être m'a été habituelle dans toutes les situations de ma vie.

» Je me plaisais à résoudre des problèmes ; je les cherchais dans les mathématiques ; mais j'en eus bientôt assez, parce que *l'ordre matériel est extrémement borné.* Je les cherchai alors dans *l'ordre moral.* C'est le travail qui m'a le mieux réussi. Cette recherche est devenue chez moi une disposition habituelle. Je lui ai dû les grands pas que j'ai fait faire à la politique et à la guerre.

8.

» Ma naissance me destinait au service ; c'est pourquoi j'ai été placé dans les écoles militaires.

» J'obtins une lieutenance au commencement de la révolution. Je n'ai jamais reçu de titres avec autant de plaisir que celui-là. Le comble de mon ambition se bornait alors à porter un jour une épaulette à bouillons sur chacune de mes épaules : un colonel d'artillerie me paraissait le *nec plus ultrà* de la grandeur humaine.

» On m'employa dans l'armée des Alpes. Cette armée ne faisait rien de ce que doit faire une armée. Elle ne connaissait ni la discipline, ni la guerre. J'étais à mauvaise école. Il est vrai que nous n'avions pas d'ennemis à combattre ; nous n'étions chargés que d'empêcher les Piémontais de passer les Alpes et rien n'était si facile.

» L'anarchie régnait dans nos cantonnements ; le soldat n'avait aucun respect pour l'officier ; l'officier n'en avait guère pour le général ; ceux-ci étaient tous les matins destitués par les représentants du peuple. L'armée n'accordait qu'à ces derniers l'idée du pouvoir, la plus forte sur l'esprit humain. J'ai senti dès-lors le danger de l'influence civile sur le militaire, et j'ai su m'en garantir.

» Ce n'était pas le talent mais la loquacité qui donnait du crédit dans l'armée : tout y dépendait de cette faveur populaire qu'on obtient par des vociférations.

» Je n'ai jamais eu avec la multitude cette communauté de sentiments qui produit l'éloquence des rues. Je n'ai jamais eu le talent d'émouvoir le peuple. Aussi je ne jouais aucun rôle dans cette armée. J'en avais mieux le temps de réfléchir.

» J'étudiais la guerre non sur le papier, mais sur le terrain. Je me trouvai pour la première fois au feu dans une petite affaire de tirailleurs, du côté du Mont Genèvre. Les balles étaient clairsemées ; elles ne firent que blesser quelques-uns de nos gens. Je n'éprouvai pas d'émotion ; cela n'en valait pas la peine.

» J'ai raconté mon premier fait d'armes, non parce qu'il me valut le grade de capitaine, mais parce qu'il m'initia au secret de la guerre. Je m'aperçus qu'il était plus facile qu'on ne croit de battre l'ennemi et que ce grand art consiste à ne pas tâtonner dans l'action, et surtout à ne tenter que des mouvements décisifs parce que c'est ainsi qu'on enlève le soldat.

9.

» Lors du siége de Toulon j'étais chef de bataillon et comme tel je pus avoir quelque influence sur le succès de ce siége.

» Mes artilleurs étaient braves et sans expérience. C'est la meilleure de toutes les dispositions pour les soldats. Nos attaques réussirent : l'ennemi s'intimidait ; il n'osait plus rien tenter contre nous. Il nous envoyait bêtement des boulets qui tombaient où ils pouvaient et ne servaient à rien. Les feux que je dirigeais allaient mieux au but. J'y mettais beaucoup de zèle, parce que j'en attendais mon avancement : j'aimais d'ailleurs le succès pour lui-même. Je passais mon temps aux batteries ; je dormais dans nos épaulements. *On ne fait bien que ce qu'on fait soi-même.* Les prisonniers nous apprenaient que tout allait au diable dans la place. On l'évacua d'une manière effroyable.

10.

» Nous avions bien mérité de la patrie. On me fit général de brigade. Je fus employé, *dénoncé*, *destitué,* ballotté par les intrigues et les factions. Je pris en horreur l'anarchie qui était alors à son comble, et je ne me suis jamais raccommodé avec elle.

» Général, mais sans emploi, je fus à Paris, parce qu'on ne pouvait en obtenir que là. Je m'attachai à Barras, parce que je n'y connaissais que lui. Robespierre était mort ; Barras jouait un rôle ; il fallait bien m'attacher à quelqu'un ou à quelque chose..... L'affaire des sections m'éleva au grade de général de division et me valut une sorte de célébrité. Comme le parti vainqueur était inquiet de sa victoire, il me garda à Paris malgré moi ; car je n'avais d'autre ambition que celle de faire la guerre dans mon nouveau grade.

» Je restai donc désœuvré sur le pavé de Paris. Je n'y avais pas de relations ; je n'avais aucune habitude de la société ; et je n'allais que dans celle de Barras, où j'étais bien reçu. C'est là que j'ai vu pour la première fois *ma femme, qui a eu une grande influence sur ma vie,* et dont la mémoire me sera toujours chère.

» Je n'étais pas insensible aux charmes des femmes, mais jusqu'alors elles ne m'avaient pas gâté ; et mon caractère me rendait *timide auprès d'elles.* Madame de Beauharnais est la première qui m'ait rassuré. Elle m'adressa des choses flatteuses sur mes talents militaires, un jour où je me trouvais placé auprès d'elle. Cet éloge m'enivra ; je m'adressai continuellement à elle ; je la suivais partout ; j'en étais passionnément amoureux, et notre société le savait déjà, que j'étais encore loin d'oser le lui dire.

11.

» Mon sentiment s'ébruita ; Barras m'en parla. Je n'avais pas de raison pour le nier. « En ce cas, me dit-il, il faut que vous épou-
» siez madame de Beauharnais, vous avez un grade et des talents à
» faire valoir ; mais vous êtes isolé, sans fortune, sans relations, il
» faut vous marier. Cela donne de l'aplomb. Madame de Beauharnais
» est agréable et spirituelle, mais elle est veuve. Cet état ne vaut
» plus rien aujourd'hui ; les femmes ne jouent plus de rôle ; il faut
» qu'elles se marient pour avoir de la consistance. Vous avez du
» caractère ; vous ferez votre chemin ; vous lui convenez ; voulez-
» vous me charger de cette négociation. »

» J'attendis la réponse avec anxiété. Elle fut favorable : madame de Beauharnais m'accordait sa main, et s'il y a eu des moments de bonheur dans ma vie, c'est à elle que je les ai dus.

» Mon attitude dans le monde changea après mon mariage. Il s'était refait sous le directoire une manière d'ordre social dans lequel j'avais pris une place assez élevée. L'ambition devenait raisonnable chez moi ; je pouvais aspirer à tout.

12.

(*Après la campagne d'Italie*) « La paix était faite sur le continent ; nous n'étions plus en guerre qu'avec l'Angleterre ; mais faute de champ de bataille, cette guerre nous laissait dans l'inaction. J'avais la conscience de mes moyens ; ils étaient de nature à me mettre en évidence, mais ils n'avaient point d'emploi. Je savais cependant qu'il fallait fixer l'attention pour rester en vue, et qu'il fallait tenter pour cela des choses extraordinaires, parce que les hommes savent gré de les étonner. C'est en vertu de cette opinion que j'ai imaginé l'expédition d'Égypte. On a voulu l'attribuer à de profondes combinaisons de ma part ; je n'en avais pas d'autres que celle de ne pas rester oisif, après la paix que je venais de conclure.

» Cette expédition devait donner une grande idée de la puissance de la France : elle devait attirer l'attention sur son chef ; elle devait surprendre l'Europe par sa hardiesse. C'étaient plus de motifs qu'il n'en fallait pour la tenter ; mais je n'avais pas alors la moindre envie de détrôner le Grand-Turc ni même de me faire pacha.

» Lorsque je n'eus plus rien à faire en Égypte, il me parut curieux d'aller en Palestine, et d'en tenter la conquête. Cette expédition avait quelque chose de fabuleux. Je m'y laissai séduire.

13.

» De retour en Égypte, je reçus des journaux par la voie de Tunis. Ils m'apprirent l'état déplorable de la France, l'avilissement du directoire, et le succès de la coalition. Je crus pouvoir servir mon pays une seconde fois. Aucun motif ne me retenait en Égypte : c'était une entreprise epuisée. Tout général était bon pour signer une capitulation que le temps rendrait inévitable, et je partis sans autre dessein que celui de reparaître à la tête des armées pour y ramener la victoire.

» Débarqué à Fréjus ma présence excita l'enthousiasme du peuple. Ma gloire militaire rassurait ceux qui avaient peur d'être battus. C'était une affluence sur mon passage : mon voyage eut l'air d'un triomphe, et je compris en arrivant à Paris, que je pouvais tout en France.

14.

» La fortune me portait à la tête de l'État. J'allais me trouver maître de la révolution, car je ne voulais pas en être le chef : le rôle ne me convenait pas. J'étais donc appelé à préparer le sort à venir de la France et peut-être celui du monde.

» Il m'était facile de voir que le règne du Directoire touchait à sa fin ; qu'il fallait mettre à sa place une autorité imposante pour sauver l'État ; qu'il n'y a de vraiment imposant que la gloire militaire. Le Directoire ne pouvait donc être remplacé que par moi ou par l'anarchie. Ce choix de la France n'était pas douteux, l'opinion publique éclairait à cet égard la mienne.

» Je proposai de remplacer le Directoire par un consulat ; tellement j'étais éloigné alors de concevoir l'idée d'un pouvoir souverain. Les républicains proposèrent d'élire deux consuls : j'en demandai trois, parce que je ne voulais pas être appareillé. Le premier rang m'appartenait de droit dans cette trinité : c'était tout ce que je voulais.

» Les républicains se défièrent de ma proposition. Ils entrevirent un élément de dictature dans ce triumvirat. Ils se liguèrent contre moi.

15.

» Tous les partis se rangèrent alors sous deux bannières : d'un côté se trouvaient les républicains qui s'opposaient à mon élévation : de l'autre était toute la France qui la demandait. Elle était donc inévitable à cette époque, parce que la majorité finit toujours par l'emporter. Les premiers avaient établi leur quartier général dans le conseil des Cinq-Cents : ils firent une belle défense ; il fallait gagner la bataille de St.-Cloud pour achever cette révolution. J'avais cru un moment qu'elle se ferait par acclamation.

» Le vœu public venait de me donner la première place de l'État : la résistance que l'on avait opposée ne m'inquiétait pas, parce qu'elle ne venait que de gens flétris par l'opinion.

» Je n'étais, par la constitution, que le premier magistrat de la république ; mais j'avais une épée pour bâton de commandement. Il y avait incompatibilité entre mes droits constitutionnels, et l'ascendant que je tenais de mon caractère et de mes actions. Le public le sentait comme moi ; la chose ne pouvait pas durer ainsi, et chacun prenait ses mesures en conséquence.

16.

» Tout était précaire dans le système du Consulat, parce que rien n'y était à sa véritable place. Il y existait une république de nom, une souveraineté de fait, une représentation nationale faible, un pouvoir exécutif fort, des autorités soumises, et une armée prépondérante.

» Rien ne marche dans un système politique où les mots jurent avec les choses. Le gouvernement se décrie par le mensonge perpétuel dont il fait usage. Il tombe dans le mépris qu'inspire tout ce qui est faux, parce que ce qui est faux est faible. On ne peut plus d'ailleurs ruser en politique : les peuples en savent trop long : les gazettes en disent trop. Il n'y a plus qu'un secret pour mener le monde, c'est d'être fort ; parce qu'il n'y a dans la force ni erreur ni illusion. C'est le vrai mis à nu.

» Je sentais la faiblesse de ma position, le ridicule de mon Consulat. Il fallait établir quelque chose de solide, pour servir de point d'appui à la révolution. Je fus nommé Consul à vie. C'était une suzeraineté viagère, insuffisante en elle-même puisqu'elle plaçait une date dans l'avenir, et que rien ne gâte la confiance comme la prévoyance d'un changement. Mais elle était passable pour le moment où elle fut établie.

17.

» Le vœu public (l'histoire ne me démentira pas) le vœu public m'appelait à régner sur la France.

» Je ne pouvais pas devenir roi. C'était un titre usé. Il portait avec lui des idées reçues. Mon titre devait être nouveau comme la nature de mon pouvoir. Je n'étais pas l'héritier des Bourbons. Il fallait être beaucoup plus pour s'asseoir sur leur trône. Je pris le nom d'Empereur parce qu'il était plus grand et moins défini.

18.

» Après le désordre de la révolution, il importait de rétablir l'ordre, parce qu'il est le symptôme de la force et de la durée.

» Je donnai (ainsi) pour ressort à l'Empire un lien général. Il unissait par leurs intérêts toutes les classes de la nation, parce qu'aucune n'était abandonnée ni exclue.

» L'Empire s'asseyait sur une organisation forte. L'armée s'était formée à l'école de la guerre. Elle y avait appris à se battre et à souffrir.

Les fonctionnaires civils s'accoutumaient à faire exécuter strictement les lois, parce que je ne voulais plus ni d'arbitraire ni d'interprétation.

» Ils se formaient ainsi à l'habitude et à la rapidité. J'avais répandu partout une impulsion uniforme, parce qu'on ne donnait qu'un seul mot d'ordre dans tout l'Empire, aussi tout se mouvait dans cette machine ; mais le mouvement ne s'opérait que dans les cadres que j'avais préparés.

» J'ai arrêté les dilapidations publiques en centralisant sur un seul point toute la machine fiscale. Je n'ai rien laissé de vague dans cette partie, parce qu'en fait de monnaie tout doit se retrouver. Je n'ai surtout rien laissé de disponible à ces demi responsabilités provinciales, parce que l'expérience m'avait prouvé que cet abandon ne sert qu'à enrichir quelques petits malversateurs aux dépens du trésor, du peuple et de la chose.

» J'ai rendu le crédit à l'État en ne faisant pas usage du crédit. J'ai substitué au système des emprunts qui avaient perdu la France, celui des impôts qui l'a corroborée.

» J'ai organisé la conscription ; loi rigoureuse mais grande et seule digne d'un peuple qui chérit sa gloire et sa liberté ; car il ne doit confier sa défense qu'à lui-même.

» J'ai ouvert de nouvelles communications au commerce : j'ai fait réunir l'Italie à la France, en ouvrant les Alpes par quatre routes différentes. J'ai entrepris dans ce genre ce qui paraissait presque impossible. J'ai fait prospérer l'agriculture en maintenant les lois protectrices de la propriété, et en répartissant également les charges publiques.

» J'ai ajouté de grands monuments à ceux que possédait la France. Ils devaient servir de témoins à sa gloire. Je pensais qu'ils élèveraient l'âme de nos descendants. Les peuples s'attachent à ces nobles images de leur histoire.

» Mon trône ne brillait que de l'éclat des armes. Les Français aiment de la grandeur jusqu'à son apparence.

19.

» Il fallait que la grande révolution du dix-neuvième siècle s'achevât sans retour, ou qu'elle s'étouffât sous un monceau de morts. Le monde entier était en présence pour décider cette question. Si j'avais signé la paix à Dresde, je l'aurais laissée indécise et il aurait fallu la reprendre plus tard. Je refusai la paix. J'étais battu : j'ordonnai la retraite : j'étais encore assez fort pour reprendre l'offensive en changeant de terrain.

» Je me retirais lentement avec une masse imposante ; mais je me retirais, et les ennemis me suivaient en se grossissant ; car rien n'augmente les bataillons comme le succès.....

» Nos pertes étaient si grandes que j'en fus moi-même consterné, la nation en fut abattue. Si les ennemis avaient poursuivi leur marche, ils seraient entrés avec notre arrière-garde dans Paris. Mais l'aspect de la France les intimida. Ils regardèrent longtemps nos frontières avant d'oser les franchir.

» Il ne s'agissait plus alors de la gloire, mais de l'honneur de la France; c'est pourquoi je comptais sur les Français. Mais je n'étais plus heureux; je fus mal servi. Je n'en accuse pas ce peuple toujours prêt à verser son sang pour la patrie. Je n'en accuse pas la trahison; car il est plus difficile de trahir qu'on ne croit. Je n'en accuse que ce *découragement* fruit ordinaire du malheur. Je n'en fut pas exempt moi-même. L'homme découragé reste indécis, parce qu'il ne voit devant lui que de mauvais partis, et ce qu'il y a de pire dans les affaires c'est l'indécision.

» J'ai accusé le général Marmont de m'avoir trahi. Je lui rends justice aujourd'hui. Aucun soldat n'a trahi le foi qu'il devait à son pays. C'est dans une autre classe qu'on a trouvé des lâches. Mais je ne fus pas maître d'un premier mouvement de douleur, en voyant la capitulation de Paris signée par mon plus ancien frère d'armes.

» J'étais à Fontainebleau, entouré d'une troupe fidèle, mais peu nombreuse. J'aurais pu tenter encore avec elle le sort des combats, car elle était capable d'actions héroïques. Mais la France aurait payé trop cher le plaisir de cette vengeance. Elle aurait eu le droit de m'accuser de ses maux. Je veux qu'elle ne m'accuse que de la gloire ou j'ai porté son nom. Je me résignai.

» On vint me proposer des abdications. Pour ma part je trouvai que c'était une momerie. J'avais abdiqué le jour où j'avais été battu. Mais cette formule pouvait servir un jour à mon fils. Je n'hésitai pas à la signer.

20.

» Séparé de ma femme et de mon fils, contre toutes les lois divines et humaines, je me retirai dans *l'île d'Elbe,* sans aucune espèce de projets pour l'avenir.

21.

» La France n'avait point de confiance dans son gouvernement. Le gouvernement n'en avait point dans la France. La nation avait senti que ses intérêts n'étaient pas ceux du trône; que ceux du trône n'étaient pas les siens. C'était une trahison mutuelle qui devait perdre l'un ou l'autre. Il était temps de la prévenir, et je conçus un projet qui paraîtra audacieux dans l'histoire, et qui n'était que raisonnable en réalité.

» Je pensai à remonter sur le trône de France. Quelque faibles que fussent mes forces, elles étaient encore plus grandes que celles des royalistes ; car j'avais pour allié l'honneur de la patrie, qui ne périt jamais dans le cœur des français. Je me confiai dans cet appui. Mes préparatifs ne furent pas longs, car je n'emportai que des armes. Je pensai que les Français nous donneraient de tout. Le colonel anglais qui séjournait près de moi avait été se divertir à Livourne et je mis à la voile par un bon vent.

» Notre traversée dura cinq jours. Je débarquai sans obstacle. Je me retrouvai en France. J'y revenais malheureux. Mon cortége ne consistait qu'en un petit nombre d'amis et de frères d'armes qui avaient partagé avec moi le bonheur et l'adversité. Mais c'était une raison pour attirer le respect et l'amour des Français.

» Je n'avais point de plan déterminé, parce que je n'avais que des données vagues sur l'état des choses.

» Je n'avais qu'une seule route à tenir parce qu'il me fallait un point d'appui. Grenoble était la place forte la plus voisine. Je marchai donc sur Grenoble aussi vite que possible, parce que je voulais savoir à quoi m'en tenir sur mon entreprise. L'accueil que je reçus sur la route dépassa mon attente et confirma mon projet.

» Je m'attendais à trouver quelque résistance de la part des royalistes ; mais je me trompais, il ne m'en opposèrent aucune et j'entrai dans Paris sans les apercevoir, si ce n'est aux fenêtres ; jamais entreprise, plus téméraire en apparence , ne coûta moins de peine à exécuter.

» La révolution fut terminée en vingt jours, sans avoir coûté une seule goutte de sang. La France avait changé d'aspect. Les royalistes allèrent crier au secours chez les alliés. La nation rendue à elle-même reprit de la fierté. Elle ne me redoutait plus comme prince. Elle m'aimait comme son sauveur.

22.

» J'avais refusé la paix qu'on m'offrait à Chatillon, parce que j'étais sur le trône de France, et qu'elle me faisait descendre trop bas. Mais je pouvais accepter celle qu'on avait accordée aux Bourbons , parce que je venais de l'île d'Elbe et que l'on peut s'arrêter quand on monte, jamais quand on descend.

» Je crus que l'Europe étonnée de mon retour et de l'énergie du peuple français, craindrait de recommencer la guerre avec une nation dont elle voyait la témérité et avec un homme dont le caractère était plus fort, à lui seul, que toutes ses armées.

« Il en aurait été ainsi si le congrès eût été séparé et que nous eussions traité avec les souverains un à un. Mais leur amour-propre s'échauffa, parce qu'ils étaient en présence et mes efforts pour maintenir la paix n'aboutirent à rien.

» Je sentis le danger de ma position. Je mesurai l'attaque et la défense. Elles n'étaient pas en proportion. Je commençai à me défier de mes moyens, mais ce n'était pas le moment de le dire. Par un hasard malheureux ma santé se dérangea aux approches de la dernière crise. Je n'avais plus qu'*une âme ébranlée dans un corps souffrant.* Les armées s'avançaient.

» Je partis pour le quartier général seul contre le monde entier. J'essayai de le combattre. La victoire nous fut fidèle le premier jour ; mais elle nous trompa le lendemain. Nous fûmes vaincus et la gloire de nos armes vint finir dans les mêmes champs où elle avait commencé vingt-trois ans auparavant.

25.

» J'aurais pu me défendre encore, car mes soldats ne m'auraient pas abandonné ; mais on n'en voulait qu'à moi seul. On demandait aux Français de me livrer aux ennemis, c'était leur demander une lâcheté pour les forcer à se battre. Je ne valais pas un si grand sacrifice, c'était à moi à me démettre.

» Je n'ai quitté la France qu'au moment où l'ennemi s'est approché de ma retraite. Tant qu'il n'y eût que des Français autour de moi, j'ai voulu rester au milieu d'eux seul et désarmé ; c'était la dernière preuve de confiance et d'affection que je pouvais leur donner. C'était un grand témoignage que je rendais à leur loyauté en face du monde.

» La France a respecté dans moi le malheur, jusqu'au moment où j'ai quitté pour jamais son rivage. J'aurais pu passer en Amérique, et promener ma défaite dans le Nouveau-Monde ; mais après avoir régné sur la France, il ne fallait pas avilir son trône en cherchant d'autre gloire.

» Prisonnier sur un autre hémisphère, je n'ai plus à défendre que la réputation que l'histoire me prépare. Elle dira qu'un homme pour qui tout un peuple s'est dévoué ne devait pas être si dépourvu de mérite que ses contemporains le prétendent. »

24.

Napoléon mourut à Sainte-Hélène le samedi 5 mai 1821, à six heures moins dix minutes du soir.

Les dernières paroles qu'on lui entendit prononcer depuis qu'il avait perdu connaissance furent : « Mon Dieu !.. Et la nation française !.. Mon fils !.. Tête armée !.. »

Lorsqu'il eût expiré il avait l'air d'être endormi. Sa figure était calme, il était facile d'y reconnaître quelque chose de noble ; elle était encore quatorze heures après sa mort, une des plus imposantes que l'on pût voir.

On attribue à lord Byron un dithyrambe dont voici quelques fragments.

« Grand dans les revers comme dans les faveurs de la fortune, il ne fut point lâche : il n'éteignit point le flambeau de sa vie. Il savait que le monde ne remplacerait pas la perte du grand homme. Il vécut. Hélas ! maintenant il est tombé, l'admiration n'a plus d'aliments. Il n'y a plus un grand être dans la race des hommes.

. . . .

» Il demanda qu'on le portât sur le rocher nu, et qu'on tournât vers la France ses yeux déjà appesantis par la main de fer du génie des tombes.

» Il étendit vers le sol européen ce bras autrefois si redouté. Il s'écria d'une voix brisée :

« O France ! je ne te reverrai plus... C'est là le plus grand de » mes maux. Et vous, champs des combats, témoins de mes vic- » toires, vous serez muets au jour de ma mort.

» Et vous, monuments durables que j'ai fondés, mon nom ne » charge plus vos colonnes : vous m'oubliez aussi.

» J'achèverai, dans le désespoir, au milieu des geôliers, sous la » garde de mes barbares ennemis, une vie commencée dans les bras » de la victoire, entourée si longtemps des plus glorieux prestiges » au sein de l'amour des Français.

» O France ne pleure point sur moi. Je ne suis que puni : peut-
» être serais-je devenu un tyran ; peut-être l'étais-je déjà. Cepen-
» dant tu m'aimais, tu ne m'as point rejeté....

› O France ! ô ma patrie, nous avons eu ensemble des jours de
» gloire. — Puisse ma chûte et ma mort te donner des siècles de
» liberté !

» Adieu donc braves qui marchiez avec moi à la victoire. Adieu,
» grand peuple ; nous ne nous reverrons plus.

» Et vous, épouse infortunée, fils plus cher encore.... Ah ! j'ai
» à peine serré dans mes bras ces objets d'amour que je porte dans
» mon cœur. Oh ! adieu pour toujours.

» Adieu ô France ! ô ma patrie ! si tu n'a plus ta gloire et tes
» combats, jouis en paix de ton bonheur, de tes souvenirs ; con-
» serve la liberté que j'ai trop enchaînée ; tu n'auras pas perdu ta
» grandeur. »

» Après ces tristes adieux, le héros jusque-là si ferme contre la
douleur, ne trouva plus dans son âme accablée la force de compri-
mer ses larmes : il pleura avec amertume ; et bientôt il expira, les
yeux et les bras tendus vers la France. Et quand l'ange noir eut osé
le frapper, il rendit son âme à Dieu, en balbutiant ces mots : *Dieu!
protége la France.*

» Pleurez aussi, Français, sa dernière pensée fut de vous bénir.»

QUATRIÈME SECTION.

———

RAPPROCHEMENTS ET CONTRASTES.

Nota. Pour faciliter le renvoi aux numéros des sections qui pré-
cèdent, et sous lesquelles ont été faites les biographies succinctes de
Moïse, de *Mahomet* et de *Napoléon,* comme aussi pour éviter des
répétitions trop longues, nous mettrons en *ligne perdue* le numéro
de chaque section et de chacun des § importants auxquels il faudra
se reporter. Les numéros des sections seront indiqués en *chiffres ro-
mains* et ceux des § en *chiffres arabes.*

I. 1. 2. — II. 1. — III. 1.

Moïse et Mahomet sont nés sur les bords ou non loin de la mer

Rouge. — Bonaparte a visité cette terre si féconde en souvenirs ! Il semble qu'une espèce de prestige tout particulier soit attaché à ce mot magique l'ORIENT !!

Tous trois présentent cette circonstance qu'ils appartenaient à des familles marquantes.

I. 4. 5. 6. 7. — II. 2. 3. 4.

Bien qu'on ne nous dise rien des circonstances particulières de l'accouchement d'Amœna, nous devons penser qu'il fut heureux. Or, la naissance des trois grands hommes qui nous occupent, offre ce rapprochement, qu'elle n'a point occasioné d'accidents à leurs mères, qui les ont mis au monde très heureusement (1).

En général les femmes ont joué un rôle fort important dans la vie de nos trois éminents personnages. Et quant à Moïse, en particulier, c'est déjà une femme qui le sauve du Nil ; c'est une jeune fille, sa sœur, qui contribue beaucoup à lui faire donner pour nourrice sa propre mère, et cela sous la protection de Thermutis.

Mahomet est nourri par une femme, qui ne tient pas compte de la pauvreté de sa mère ; elle y met du dévouement.

On peut dire qu'en général, une espèce de prodige s'attache à la naissance et aux premières années de Moïse, de Mahomet et de Napoléon.

La position de fortune de leurs familles n'est pas brillante. Aussi la Providence y supplée-t-elle, dans sa grande sollicitude pour la conservation des génies supérieurs.

I. 8. — II. 7. — III. 4. 7.

La beauté semble être un présent du ciel destiné à nous attirer les cœurs. Elle inspire la sympathie, commande le respect et impose une sorte de vénération dominatrice : on ne peut se soustraire à sa magique influence.

____

(1) Le jour même de sa délivrance, madame Lætitia était allée à la messe. Tout à coup elle fut prise de douleurs tellement violentes qu'elle quitta l'église en toute hâte et n'eut que le temps d'arriver chez elle, pour déposer le merveilleux enfant sur un vieux tapis antique représentant les scènes les plus majestueuses de la mythologie et de l'Iliade.

Moïse, Mahomet et Bonaparte étaient doués d'une rare beauté qui a dû contribuer à leurs succès en tous genres.

Ils étaient méditatifs, réfléchis ; ils parlaient peu.

Nous pouvons, par induction, attribuer à Moïse une grande mémoire. — Quant à Mahomet et à Napoléon, le fait d'une *mémoire prodigieuse* est attesté d'une manière explicite. Ces deux derniers brillaient surtout par le charme de leur conversation. Rien ne résistait, dit-on, à la parole pénétrante, non plus qu'au regard fascinateur de Napoléon.

Nul doute que le silence, qui porte à la méditation, est un puissant moyen de développer l'intelligence et d'agrandir l'âme par la contemplation.

I. 10. 11. — II. 6. 7. — III. 5.

Nos trois hommes-types sont instruits par des soins étrangers. Ils font surtout leur éducation à l'école des faits.

A tous trois on a prédit leur élévation.

Tous trois annonçaient de grandes dispositions intellectuelles.

Et tous trois aussi, ils donnèrent l'exemple de la sobriété, de l'ordre et d'une grande régularité de conduite. La haute moralité de Moïse et de Mahomet était proverbiale ; on a donné avec raison l'épithète *d'honnête homme* à Napoléon.

Or, pour les hommes extraordinaires, l'arme la plus puissante, est l'ascendant que donne la pratique de la vertu.

I. 12. 13. — II. 9. — III. 8. 9.

Ces trois types humains ont été des guerriers que la victoire a couronnés. Ils possédaient le génie militaire à un haut degré.

Une femme vient en aide à Moïse pour lui livrer la ville de Saba qu'il assiégeait.

Une femme (Joséphine) fait donner à Napoléon le commandement en chef de l'armée d'Italie.

I. 14. — II. 16. — III. 10.

Puis après leurs victoires remportées, ils ont été tous les trois plus ou moins méconnus, persécutés.

I. 13. 15. — II. 10. — III. 11.

Ils ont été demandés en mariage.

1º Moïse d'abord par *Tharbis*; et plus tard, Jéthro semble lui avoir offert une de ses filles, *Sephora*,

2º C'est *Khadidja* qui *offre sa main* à Mahomet. Elle était veuve;

3º Barras a, en quelque sorte, offert *Joséphine* à Bonaparte. Elle était veuve.

Khadidja était plus âgée que Mahomet. Elle avait quarante ans; il en avait vingt-cinq.

Joséphine était plus âgée que Bonaparte. Elle avait trente-trois ans, il en avait vingt-sept.

On ne nous dit point ce que devint Tharbis, première femme de Moïse. Probablement il l'aura abandonnée ou répudiée.

Napoléon divorça d'avec Joséphine pour épouser Marie-Louise.

Mais Mahomet resta fidèle à Khadidja tant qu'elle vécut. Et pourtant Mahomet était placé dans des conditions très-favorables pour satisfaire ses goûts d'inconstance s'il l'eût voulu!

L'influence des femmes sur la vie de Moïse, de Mahomet et de Napoléon, a été fort grande.

I. 16. — II. 12. 13.

Moïse et Mahomet, inspirés, ont été des prophètes. Ils s'appuyaient sans cesse sur la puissance divine et mettaient toujours en avant l'autorité de la parole de Dieu.

Quant à Napoléon, on lui a reproché beaucoup de superstition. Il croyait à *son étoile* et se fiait en lui-même. Il disait aux Égyptiens : « Vous croyez au destin ; eh bien! je suis le destin. »

I. 25. — II. 18.

Les deux premiers ont fondé une religion. Moïse, la religion mosaïque ou juive ; et Mahomet, la religion musulmane.

Ils ont détruit l'idolâtrie et ont proclamé l'unité de Dieu.

Napoléon a été, pour ainsi dire, le restaurateur d'une religion fondée sur l'unité. Il a continué l'œuvre de Moïse modifiée par J.-C. — « Les excès de la révolution, dit Napoléon, se montraient dans » la destruction du culte ; je l'ai rétabli. »

I. 23.

Sous la conduite de Moïse, le peuple hébreu a passé la mer Rouge.

Bonaparte dans son expédition de Suez a failli subir le sort de

Pharaon. Il était allé visiter les sources dites de Moïse, situées sur le côté oriental de la mer Rouge, à trois lieues de Suez. La caravane avait passé la plage à pied sec, mais de retour à Suez, le flux remontait, et comme la côte est extrêmement basse dans le fond du golfe, le flot allait gagner le général en chef, lorsqu'un guide, le voyant en danger, le prit sur ses épaules et l'emporta avec vitesse (1).

Nous devons consigner ici une observation de M. Cahen, traducteur de la Bible; la voici :

« Cette citation et le témoignage des personnes qui ont vécu en
» Égypte ne détruisent pas le miracle; les Égyptiens peuvent aussi
» avoir oublié cette circonstance locale dans l'ardeur de la pour-
» suite; on voit d'ailleurs par le texte même, qu'un grand vent a
» contribué à cet événement, mémorable, même chez les anciens. »

I. 24.

Moïse a été très-souvent exposé aux murmures des Hébreux dans le désert. Il obtenait de Dieu qu'il donnât à son peuple de quoi apaiser leur faim et leur *soif*.

On raconte que dans l'expédition d'Égypte, l'armée manquant d'eau, on vint présenter à Bonaparte une gourde remplie d'eau potable. Le général en chef l'accepta ; mais aussitôt, et à la vue de tous ceux qui l'entouraient, il la jeta à terre jusqu'à la dernière goutte. En se condamnant ainsi volontairement à endurer les mêmes souffrances que ses soldats, il augmentait chez eux le plus difficile de tous les courages, le courage de la résignation, et faisait taire les murmures.

I. 18.

Aaron portait la parole pour Moïse, son frère. Dans une circonstance mémorable, Lucien, frère de Bonaparte, vint au secours de celui-ci, alors plus habile à manier l'épée que la parole.

I. 25. 26. — II. 20. — III. 18.

Moïse, Mahomet et Napoléon, doués d'un admirable sang-froid (surtout les deux premiers) furent *grands législateurs, grands écrivains*, et notamment *unitaires*.

I. 27. — III. 24.

(1) Martin, *Hist. de l'expédition française en Égypte.*

La grande sollicitude de Moïse pour le peuple hébreu, ne s'est jamais démentie.

On se rappelle les touchants adieux de Fontainebleau, et nous avons vu que la dernière pensée de Napoléon fut pour la France.

I. 28. — III. 24.

Moïse meurt sur le mont d'Abar;
Napoléon, sur le rocher de Sainte-Hélène.

I. 28. — III. 24.

Moïse et Mahomet semblent s'endormir paisiblement dans l'éternité (1). Les derniers moments de Napoléon sont plus pénibles.

I. 22, — II. 25. — III. 22.

Moïse plaçait toute sa confiance en Dieu, et s'appuyait exclusivement sur Dieu, à qui il rapportait tout.

Mahomet en agissait de même. — Tous deux puisaient leurs forces à la source divine. On voit combien ils ont été puissants, quelle a été leur vie et leur fin.

Napoléon, au contraire, avait foi dans son *étoile* (2) *!* Il s'appuyait seulement sur lui-même; il voulait tout tirer de son individualité : il attribue ses derniers revers en partie, à ce que : « Par un hasard » malheureux *sa santé se dérangea.* Je n'avais plus, dit-il, qu'une » *âme ébranlée* dans un corps souffrant. » Une âme ébranlée! N'est-ce pas parce qu'elle manquait d'un soutien, qu'elle ne savait où se reposer. Oui, cet homme qui ne voulait chercher de foi qu'en lui, devait avoir de l'incertitude dans ses décisions, comme il le dit lui-même; oui, il devait avoir de l'inégalité dans le caractère et de terribles moments de faiblesse : et cela n'a pas manqué d'arriver.

Dans ce parallèle, nous n'avons pas eu pour but de diminuer en quoi que ce soit, l'auréole de gloire qui entoure la noble tête du héros des temps modernes. Loin de nous la pensée de dénigrer le présent pour exalter le passé. Il faut tout accepter et tout étudier avec fruit.

(1) Dans les trois derniers jours de sa vie, Gabriel visitait souvent le prophète.... L'ange de la mort parut et *remplit son ministère avec beaucoup de respect.*

(2) Je ne dis pas qu'il ne crût pas en Dieu. *(Légende de Mahomet.)*

Mais quiconque méditera sérieusement sur la vie, les travaux et les institutions de Moïse, de Mahomet et de Napoléon, arrivera, pour conclusion dernière, à cette vérité consolante que nulle part, il n'y a de puissance réelle et durable ni de bienfait possible, en dehors de la puissance créatrice, éternelle et régulatrice de toutes choses, puissance d'où tout émane et à laquelle tout doit retourner.

Tel a été le but que nous nous sommes proposé ; puissions-nous ne l'avoir pas tout-à-fait manqué. N.-H. CELLIER.

J.-B. GROS, IMPRIMEUR DE LA COUR ROYALE, RUE DU FOIN SAINT-JACQUES, 18.